I want to be fluent in English. / I want to be able to express myself in English. / I want to study the basics of English. / I'd like to master English. / I want to be able to understand the movies without the subtitles. / I want to broaden my world. / I want to meet many different kinds of people. / I'd like to try many different things. / I want to improve myself.

CD BOOK

日常英会話パーフェクトブック

The Perfect Book of Daily English Conversation

石津奈々
Nana ISHIZU

ベレ出版

はじめに

　みなさん、「英語を勉強したいです」と英語で言いたいとき、まず、どうしますか。私なら辞書や英会話の本を調べます。そこでぴったりの例文が見つかれば、そのフレーズを使えばいいのですが、載っていない場合は自分で単語を並べて文章を作るしかありません。そうなると難しくて、考え込んでしまうわけです。

　I study English?　I English study communication??　I like study English language???

　またフレーズを覚えて使うと言っても、丸暗記というのもなかなかできないものです。あいさつや短いフレーズは覚えられても、長い文章はしばらくすると忘れてしまうし、そこから一歩進んだ意思表示ができないというもどかしさもあります。すなわち、「おなかがすいた(I'm hungry.)」というフレーズは覚えても、「私はピザが食べたい(I want to eat pizza.)」と文章を作るところまでいかないのです。

　もしそこに「目安となるルール」のようなものがあれば、文章を作るのも、覚えるのもぐっと楽になるのではないでしょうか。

　この本には文章を作るコツがちりばめられています。日常生活の中で自然に発生する表現を数多く盛り込み、それらのフレーズを可能な限り文法的統一感、すなわち「目安となるルール」に添って提示するように心がけました。そして「言

いたいことがみつからない」、「使い方がわからない」ということがないように、応用のきく文章パターンとコンパクトな解説を要所要所に加えました。この本は英会話を基礎からしっかりと学習するためのテキストとして活用することもできますし、「おもしろい」って英語でなんて言うのかなと思ったときに、パッと調べられるフレーズ集としても使うことができます。英語の基礎知識を身に付け、自分で文章を作ることができるようになれば、表現の幅が広がり、自分のことを英語で語るのが楽しくなります。

　この本を書くにあたり、たくさんの方々にお世話になりました。英語をすべてチェックしてくれた石津ジュディスさん。インスピレーションを与え続けてくれた竹下有子さん、石橋京子さん、加藤美恵さん、穂坂陽子さん、ロコ・ピリエリさん。どうもありがとうございました。ここに厚くお礼申し上げます。この本が英会話のナビゲーターのような役割を果たし、みなさんのお役に立てれば幸いです。

"I want to study English!"
　　　　　　　一緒にがんばりましょう。

　　　　　　　　　　　石津　奈々

CONTENTS

第1章 [基礎編]

❶ あいさつと簡単なやりとり
Greetings and small talk

1. 朝から晩までのあいさつ …………………………………… 22
2. 人に会ったときのあいさつ ………………………………… 22
3. 近況をたずねる・答える …………………………………… 23
4. 相手や相手の家族が元気かをたずねる …………………… 24
5. 物事が順調か・変わりがないかをたずねる ……………… 25
6. 最近の調子について答える ………………………………… 26
   《好調です》《忙しいです》《ふつうです》《不調です》《家族の調子》
7. 相手の近況を聞いたら ……………………………………… 29
   《「元気です」に対して》《不調の原因をたずねる》
8. 不調の原因を簡単に説明する ……………………………… 30
9. 基本的な励まし ……………………………………………… 31
10. 別れのあいさつ ……………………………………………… 32
    《基本のあいさつ》《次回会うときが決まっている場合》
11. 職場で ………………………………………………………… 33

❷ 自己紹介をする
Self-Introduction

1. 初対面のときのあいさつ …………………………………… 34
2. 「初めまして」に応える ……………………………………… 35
3. 初対面の人と別れるとき ……………………………………… 35
4. 自己紹介をする ………………………………………………… 42
   《姓名》《誕生日》《住所・電話番号・出身地》《職業》《仕事内容》
   《学校》《家族構成》《趣味》
5. 「はい」「いいえ」で答えられる簡単な質問 ………………… 42
6. 相手について質問する ………………………………………… 44
7. 外国人にする基本的な質問 …………………………………… 45
8. 相手の言ったことが聞き取れなかった場合 ………………… 46
9. 基本的なあいづち表現 ………………………………………… 47

【家族の名称】【職業のリスト】【会社の種類】
【職種のリスト】【趣味のリスト】 ………………………… 48

❸ 家族について話す
Talking about your family

1. 家族や友人を紹介するときのあいさつ ……………………… 54
2. 家族について話す ……………………………………………… 56
   《父親》《母親》《両親について》《夫・妻・子供》《兄弟・姉妹関係》

③ 相手の家族について「はい」「いいえ」で答えられる
　簡単な質問 ……………………………………………………… 62

④ 相手の家族についてたずねる ………………………………… 64

　【家族の名称】……………………………………………………… 66

❹ 日時と曜日
Times and dates

① 日付と曜日をたずねる・答える ………………………………… 68
　《日付をたずねる》《日付を言う》《曜日をたずねる》《曜日を言う》

② イベントの日にち/曜日をたずねる・答える ………………… 71
　《イベントの日にち・曜日をたずねる》《イベントの日にち・曜日を答える》

③ 時間をたずねる・答える ………………………………………… 73
　《時間をたずねる》《時間を答える》

④ 開始時刻と終了時刻をたずねる・答える …………………… 75
　《イベントの時間をたずねる》《イベントの時間を答える》

⑤ 継続時間/期間をたずねる・答える …………………………… 77
　《継続時間・期間をたずねる》《継続時間・期間を答える》

⑥ 所要時間をたずねる・答える ………………………………… 78
　《所要時間をたずねる》《所要時間を答える》

　【序数詞】…………………………………………………………… 81

❺ 天気・季節について話す
Talking about weather and seasons

1 天気について話す ·· 82
《天気はどうですか》《いい天気です》《天気が悪いです》
《曇り・雨・雪・雷》《暑いです》《涼しいです・寒いです》
《荒れた天気について》

2 季節について ··· 87
《春》《夏》《秋》《冬》

❻ お祝い・お悔やみの言葉
Congratulating and expressing condolences

1 お祝いの言葉 ··· 92
《季節の行事》《クリスマスカード・年賀状に一言添える》《母の日・父の日》
《誕生日を祝う》《婚約・結婚・出産・記念日》《入学・卒業・就職》
《幸福・成功・健闘を祈る言葉》

2 よい知らせを告げる・それに応える ·························· 97
《よい知らせ全般》《よい知らせを聞いたら》《祝いの言葉に応える》

3 悲しい知らせを告げる・それに応える ······················· 100
《訃報》《お悔やみの言葉》《悲しい/悪い知らせ・残念な結果》
《悲しい/悪い知らせ・残念な結果を聞いたら》

❼ お礼を述べる・あやまる
Thanking and apologizing

1 基本的なお礼の言い方 ·· 103

② 相手がしてくれた行為に対してお礼を述べる ……………… 104
　《行為全体/親切に対するお礼》《誘い/招待に対するお礼》
　《誘い/招待に対するお礼を言うときの関連表現》《仕事関係》
　《アドバイス/支え/友情/愛情に感謝する》

③ 電話や手紙に対するお礼を述べる ……………………………… 109

④ 贈り物に対するお礼を述べる …………………………………… 109
　《贈り物をいただいたときの関連表現》

⑤ お礼に応える ……………………………………………………… 112

⑥ 基本的なお詫びの言葉 …………………………………………… 112

⑦ 具体的な行為を詫びる …………………………………………… 114
　《待ち合わせに遅れたことを謝る・その理由を説明する》
　《連絡しなかったことを謝る・その理由を説明する》
　《相手に迷惑をかけたことを詫びる》
　《相手の気持ちを傷つけたことを謝る・その理由を説明する》

⑧ 「ごめんなさい」と言われたら ………………………………… 118

❽ 自分の日常について話す
Talking about your routine

① 一日の過ごし方をたずねる・答える …………………………… 119
　《一日の行動パターンをたずねる》《朝:家で》《通勤・通学》《家事》
　《職場で:日常業務》《職場で:雑用》《学校で》《昼食》
　《銀行に行く・郵便局に行く》《病院/歯医者に行く》《休み・空き時間》《夜》

② 休日/余暇の過ごし方をたずねる・答える …………………… 128
　《週末/休みの日/余暇の過ごし方をたずねる》《仕事をする/しない》
　《家にいる》《外出する》

③ 心がけていること ………………………………………………… 132

4 行動の頻度を説明する ……………………………………… 133
《行動の頻度をたずねる》《行動の頻度を説明する》

5 一日のスケジュールを説明する ……………………………… 135
《一日のスケジュールをたずねる》《一日のスケジュールを説明する》

❾ 進行中の行動・状態を説明する
Actions in progress

1 現在進行している行為 / 行動について ……………………… 138

2 今、相手が何をしているかをたずねる ……………………… 139

3 今、自分がしていることを説明する ………………………… 139
《家で：食事》《家事》《家での時間》《勉強中》《職場で》
《相手が今忙しいかどうかをたずねる》

4 作業のはかどり具合をたずねる・答える …………………… 144
《進行状況をたずねる》《進行状況を答える》

5 現在の自分の職業や状況を説明する ………………………… 146

6 今やっていること / 習いごとなどについて話す …………… 147
《習いごと》

❿ 未来・今後の予定について話す
Talking about future plans

1 予定をたずねる ………………………………………………… 151

② 予定を説明する ·· 152
《家にいます》《仕事をします》《学校に行きます・勉強をします・課外活動》
《ちょっとした外出》《街に出ます・買い物をします》《食事をします》
《行楽地・アウトドア》《映画鑑賞・スポーツなど》《人に会います》
《季節の行事》《旅行をします》

③ 予定を述べる:「…すると思う」、「…するかもしれない」、
「おそらく…するだろう」·· 160
《仕事をすると思います》《外出すると思います》《人と出かけます》
《旅行をすると思います》《家にいると思います》

④ 特に予定が決まっていないときの答え方 ····························· 163

⑤ 予定に関する単純な問いかけと答え ···································· 164
《未来のことに対する単純な問いかけ》《簡単な答え方》

⑥ 結婚/引っ越し/進路などについての予定を報告する ······ 166
《婚約・結婚・出産・離婚・再婚》《引っ越す・新居を構える・別荘を買う》
《進路》《仕事》

【現在・未来の日にちの言い方】·· 169

⓫ 過去の出来事を説明する
Describing past events

① どのように過ごしたかをたずねる ······································· 171

② 何をしたかを説明する ·· 172
《家にいました》《仕事をしました》《学校・勉強・課外活動》《ちょっとした外出》
《街に出ました・買い物をしました》《食事をしました》《行楽地・ドライブ・アウトドア》
《映画鑑賞・スポーツなど》《人に会いました》《季節の行事》《旅行をしました》

③ 過去に進行していた行動についてたずねる・答える ········ 181
《相手が何をしていたかをたずねる》《自分がしていたことを説明する》

④ 生い立ちについてたずねる・話す ······································· 183

5 生い立ちについてたずねる ………………………………… 184

6 生い立ちを説明する ………………………………………… 185
《生まれと育ち》《学校》《就職》《結婚》

【過去の時間の言い方】………………………………………… 187

第2章 [**発展編**]

❶ 体調を説明する
Describing your health

1 体調をたずねる・コメントする …………………………… 190

2 体調について話す …………………………………………… 191
《元気です・調子がいいです》
《健康に気を遣うようになってから体調がよくなりました》《体調が悪いです》

3 気遣いの言葉 ………………………………………………… 193

4 回復を伝える ………………………………………………… 194

5 自分の体質を説明する ……………………………………… 194
《私は健康です》《体質・体力不足・あまり丈夫ではありません》《身体の悩み》

6 病気・病状を説明する ……………………………………… 198
《風邪の諸症状》《胃腸・内臓系》《けが・骨折・ねんざ》《歯》
《目・耳》《身体の痛み・症状》

❷ 人の外見と性格を説明する
Appearance and personality

① 人の外見 ……………………………………………………… 203

② 外見をたずねる ……………………………………………… 203

③ 全体的な外見を説明する …………………………………… 205
　《全体の印象》《背丈・スタイル》

④ 部分的な外見の描写 ………………………………………… 206
　《髪の色》《ヘアスタイル》《目・まつ毛・まゆ》《目・鼻・口》《顔》
　《手足・肩・腰》《その他の特徴：めがね・ひげ》

⑤ 性格 …………………………………………………………… 212

⑥ 性格をたずねる ……………………………………………… 212

⑦ 性格を説明する ……………………………………………… 213
　《いい人です・やさしいです・温かい人です》《明るい・積極的・行動的・社交的》
　《頭がいいです》《まじめ・熱心・責任感がある・信頼できる》
　《意地悪・短気・自分勝手・頑固・神経質》《静か・内向的・悲観的・感情的》
　《あてにならない・やる気がない・責任感がない・信頼できない》
　《その他の性格的特徴》《内向的な性格》

❸ 好きなこと・嫌いなことについて話す
Likes and dislikes

① 特定のもの/ことが好きかどうかをたずねる ……………… 219

② 好き・嫌いの簡単な受け答え ……………………………… 220
　《好きです》《まあまあ・嫌いです》

③ 好みをたずねる・答える …………………………………… 221
　《好みをたずねる》

4 好み・好きなこと/ものを説明する ················ 224
《趣味・余暇》《食べ物》《音楽・歌手》《本・小説・作家》
《映画・俳優・映画スター》《テレビ番組》《スポーツ》《仕事》

5 2つのうち、どちらが好きかをたずねる・話す ············· 230

❹ 能力と特技
Abilities and capabilities

1 「…ができますか」:簡単な質問と受け答え ············· 232
《質問》《はい、できます》《いいえ、できません》

2 できること・できないことについて話す ············· 233
《語学》《スポーツ》《料理・趣味》《コンピューター技術》
《性格的にできること・できないこと》

3 得意なこと・苦手なこと ············· 238
《語学》《スポーツ》《仕事》《科目・分野・技術》
《性格的に得意なこと・苦手なこと》

❺ 希望と願望
Wishes and desires

1 欲しいもの・欲しくないもの ············· 243
《何が欲しいですか》《欲しいもの:服や身に付けるもの》
《欲しいもの:パソコン・電化製品・車》
《欲しいものいろいろ》《欲しくないもの》

2 やりたいこと ············· 245
《何がしたいですか》《のんびり休みたいです》《外出したいです》
《人と過ごしたいです》《旅行がしたいです》

③ 将来の夢・希望・願望 ·································· 250
　《将来、何をしたいですか》《希望や願望》
　《将来の夢・やりたいこと・なりたいもの》

❻ 誘う・提案する
Invitation and making suggestions

① 何をしようか相手に問いかける ························· 254
② 誘う・提案する ·· 254
　《出かけませんか》《食事をしませんか》
　《買い物・映画・コンサート・スポーツ》《旅行》《うちに招く》
③ 誘いを受ける ·· 259
④ 誘いを断る ·· 259
⑤ 断る理由を述べる ······································· 260
⑥ 別の曜日を提案する ···································· 262
⑦ 具体的な待ち合わせの日時を決める ·················· 264
　《いつ・どこで会いましょうか》《時間と曜日を決める》《場所を決める》
　《待ち合わせの日時に同意する》《時間と場所の確認》

❼ 何かを頼む・許可する・禁止する
Requesting, permitting, prohibiting

① 頼みごとをする ·· 267
　《頼みごとを切り出す》《室内で》《ちょっとした用事を頼む》《職場で》
　《学校で》《頼みごと全般》

② 言われたことを引き受ける・断る ………………………… 272
　《引き受ける》《断る》

③ 許可を求める ………………………………………………… 274
　《家で》《職場で》《物を借りる・使う》《相手の承諾を求めるその他の表現》

④ 許可を出す・出さない ……………………………………… 276
　《許可を出す》《断る》

⑤ 禁止する・注意をうながす ………………………………… 280
　《何かをやめるように言う》《注意をうながす》《注意されたら》

❽ 感情を表現する
Describing your emotions and mental state

① プラスの感情・状態を表現する …………………………… 281
　《喜びの一言》《嬉しいです・喜んでいます》《充実感》《安らぎ》
　《楽しみ・気分転換》《おもしろい・おかしい》《感動》

② マイナスの感情・状態を表現する ………………………… 286
　《怒りの一言》《怒り・いらだち・あせり》《寂しい・つらい・悲しい・苦しい》
　《がっかりしました・傷つきました》《落ち込み・不安・自信喪失》
　《驚きの一言》《驚き・ショック・動揺》

❾ 悩みを相談する・励ます・アドバイスをする
Talking about your troubles, encouraging, giving advice

① 不調の原因を簡単に説明する ……………………………… 293
　《仕事関係の悩み》《仕事が忙しすぎます》《勤務・労働条件の悩み》
　《生活・金銭的な悩み》《学校・進路についての悩み》
　《人間関係の悩み》《心の悩み》

② 悩みを聞く …………………………………………………… 299

③ 励ます ……………………………………………………………… 300

④ アドバイス ……………………………………………………………… 302
《あせらずに様子をみましょう》《人に相談しましょう》
《新しいことにチャレンジしてみましょう》《気分転換をしましょう・身体を休めましょう》
《健康に気を遣いましょう》《その他のアドバイス》

❿ 感想・意見を述べる
Comments and opinions

① 感想をたずねる ……………………………………………………… 307

② 全体の感想を述べる ………………………………………………… 308
《よかったです》《まあまあでした》《悪かったです》《さまざまなコメント》

③ 具体的な感想を述べる ……………………………………………… 311
《質問:「どんな…でしたか」》《店・レストラン・食事》《映画》《本》
《旅先》《ホテル》

④ 意見をたずねる・述べる …………………………………………… 316

⑤ 意見をたずねる ……………………………………………………… 316
《全体の意見をたずねる》《具体的な分野の意見をたずねる》

⑥ 意見を述べる ………………………………………………………… 318
《肯定的な意見》《中立的な意見》《否定的な意見》

⑦ 相手の意見に同意する ……………………………………………… 320

⑧ 相手の意見に反対する ……………………………………………… 320

第3章 [実践編]

❶ 位置と道案内
Locations and directions

1. 人や物の位置を説明する ……………………………………… 324
   《自分の居場所を説明する》

2. 道をたずねる ……………………………………………………… 325
   《駅/バス停/タクシー乗り場の場所をたずねる》
   《特定の場所までの行き方をたずねる》

3. 道案内をする ……………………………………………………… 327
   《建物の場所を示す》《道順を説明する》《相手の説明が聞き取れなかった場合》
   《相手の説明に納得する》《訊かれた場所を知らない/行き方がわからない場合》
   《道案内で覚えておくと便利な表現》《目印や建物》

4. 交通機関によるアクセス ………………………………………… 332
   《電車によるアクセスを説明する》《駅に着いたら》《バス・タクシー》
   《覚えておくと便利な駅でのやりとり》

❷ 買い物をする
Shopping

1. デパートで売り場の位置をたずねる …………………………… 337
   《売り場の位置をたずねる》《洗面所・電話の場所》《売り場の位置の説明を受ける》

2. お店で店員に声をかけられたら ………………………………… 339
   《店員との簡単なやりとり》《値段をたずねる》

3. 買いたいものを説明する ………………………………………… 342
   《服を買う》《靴/バック/装飾品を買う》

4 店員と交わす細かいやりとり ……………………………………… 344
　《店員からの質問》《サイズ》《色・デザイン》
　《店員の説明：サイズ・色の種類と在庫》《試着する》《試着をしたら》
　《商品を買う》《レジにて》

5 商品の返品交換 …………………………………………………… 350
　《返品を申し出る》《店員の受け答え》

　【買い物品のリスト】 …………………………………………… 351
　　《洋服》《靴》《バック》《装飾品》《小物》《化粧品》

　【色のリスト】 …………………………………………………… 355

❸ 食事をする・食べ物の描写
Going to a restaurant and comments on food

1 食事のあいさつ …………………………………………………… 356

2 ファーストフードのお店で注文する ………………………… 356
　《ファーストフードやカフェなどでの 一般的なやりとり》

3 レストランで食事をする ………………………………………… 359

4 席に着くまで ……………………………………………………… 360
　《レストランの入り口で》《「満席です」と言われたら》《席に着く》

5 注文までのやりとり ……………………………………………… 362
　《担当のウェイター/ウェイトレスが来る・食前酒はどうするか》
　《ご注文はお決まりですか》《メニューについてたずねる》《注文をする》
　《スープにするか・サラダにするか》《ポテトの調理》
　《ステーキの焼き加減》《デザート》《たまご料理》《サンドウィッチを注文する》

6 食事について・追加注文 ………………………………………… 369
　《食事はいかがですか》

7 レストランで使うその他のフレーズ ……………………………… 370

8 会計を済ませる ……………………………………………………… 370

9 食べ物の味について ………………………………………………… 370
《おいしいです》《さっぱり・甘い・辛いなど》
《栄養があります・身体にいいです》《あまりおいしくありません》

【ディナーメニュー・サンプル】 ……………………………………… 374

❹ 電話の会話
Telephone conversation

1 電話をかける ………………………………………………………… 377
《友人/知人に電話する》《本人が電話に出る》《電話を取り次ぐ》
《本人が電話に出られないとき》《何時ごろ帰ってくるかたずねる》《戻りの時間》
《伝言を聞く》《こちらからかけ直す・電話をしてくれるように頼む・簡単な伝言》
《留守番電話のメッセージ》

2 ビジネス電話 ………………………………………………………… 382
《電話を受ける》《電話をかける》《電話を取り次ぐ》
《本人が電話に出られない》《戻りの時間・曜日》
《折り返しの電話・かけ直してもらう》《かけ直す》《伝言を受ける》
《伝言を頼む》《伝言を受けてから》《電話を切るまで》

3 間違い電話の対応 …………………………………………………… 389
《間違い電話に対応する》《違う番号にかけてしまったら》

The Perfect Book of Daily English Conversation

基礎編 1

基礎 ❶ あいさつと簡単なやりとり

Point

あいさつのフレーズはそのまま覚えて使いましょう。元気なときには元気よく、感情を込めて表情豊かに話しましょう。

① 朝から晩までのあいさつ　Disk1 01

おはようございます。	Good morning.
おはよう！	Morning!
こんにちは。 （午後に使われるあいさつとして）	Good afternoon.
こんばんは。	Good evening.
おやすみなさい。	Good night.

② 人に会ったときのあいさつ　Disk1 02

こんにちは！	Hello!
どうも！	Hi!
あら、こんにちは！	Hi, there!
あら！／やあ！	Hey!
お久しぶりです。	I haven't seen you for a long time.
久しぶり！	Long time no see!

あいさつと簡単なやりとり

ごぶさたしています。	It has been a long time (since I met you last).
こんなところで会うなんて奇遇ですね！	What a surprise to meet you here!
よく会いますね！	We keep running into each other!
元気そうですね。	You look fine!
とても元気そう！	Looking great! ※「お元気そう」と言われたら "Thank you.（ありがとう）"と応じましょう。「あなたの方こそ！」と言うときは "You, too!"
会えて嬉しいです。	It's good to see you.／Good to see you.

③ 近況をたずねる・答える

基本パターン

Q　How are you? 「お元気ですか」

A　I am fine. 「元気です」

Point

① 「お元気ですか」、「調子はどうですか？」とたずねるときはHowを使います。英語で日本語の「〜です」に近い働きをするものがam, are, isなどのBe動詞です。Be動詞は以下のように活用します。

Q	How	am	I?	「私の調子？」
		are	you?	「あなたの調子は？」
			we?	「私たちの調子？」
			they?	「彼らの調子は？」
		is	he/she/it?	「彼/彼女/その調子は？」

A

（私）　　　　　　　　　　　　　I　　　　　　am　fine.
　　　　　　　　　　　　　　　　　　　　　　(I am = I'm)

（あなた・あなたたち）　　　　　You　　　　　are　fine.
　　　　　　　　　　　　　　　　　　　　(You are = You're)

（彼・彼女・それ）　　　　　　　He / She / It　　is　fine.
　　　　　　　　　　　　　(He / She / It is = He's / She's / It's)

（私たち）　　　　　　　　　　　We　　　　　　are　fine.
　　　　　　　　　　　　　　　　　　　　(We are = We're)

（彼ら・彼女たち・それら）　　　They　　　　　are　fine.
　　　　　　　　　　　　　　　　　　　(They are = They're)

②「あなた・彼・彼女・彼ら」などの代名詞は日本語より使用頻度が高いです（例："How is your father?" — "He is fine."）。Itは仕事や物事全般など、人物以外のものに対して使う代名詞です（複数はThey）。簡単なやりとりの場合、"Fine."、"All right."、"Good." などのように代名詞を省略して答えることも多いです。

③近況をたずねられて、同じ質問を相手にしたいときは"How about you?" を使いましょう。

④ 相手や相手の家族が元気かをたずねる　Disk1 03

お元気ですか。　　　　　　　　How are you?

元気でやっていますか。	How are you doing?
最近、どうしていましたか。	How have you been doing?
最近どうしていた？	How have you been?
ご家族のみなさんはお元気ですか。	How is your family?
ご両親はお元気ですか。	How are your parents?
お父さん/お母さんはお元気ですか。	How is your father/mother?
ご主人/奥さんはお元気ですか。	How is your husband/wife?
息子さん/娘さんはお元気ですか。	How is your son/daughter?

5 物事が順調か・変わりがないかをたずねる　Disk1 04

調子はどうですか。	How is everything?
すべて順調ですか。	How is everything going?
最近どう？	How is life?
調子はどう？	How are things?
仕事はどうですか。	How is work?
仕事は順調ですか。	How is work going?
学校はどうですか。	How is school?
部活はどうですか。	How is your club?
身体の調子はどうですか。	How is your health?

基礎 1 あいさつと簡単なやりとり

何かあった？	What's happening? /What's up?
何か変わったことあった？	What's new?
何かいいことあった？	Any good news?

※特に変わりがないときは、"Not much."/ "Nothing much."で答えます。

⑥ 最近の調子について答える　Disk1 05

基本パターン

I'm doing fine.	「元気にやっています」
Work is going well.	「仕事は順調です」
I'm busy with work.	「仕事で忙しいです」

Point

① 「元気にやっています」の基本表現は"人+Be動詞+doing fine."です。

　　I'm doing fine.　　　　　「私は元気にやっています」

　　My mother is doing fine.　「母は元気にやっています」

② 「(物事が) うまくいっています」と言いたいときは"It's/They're going well."になります。具体的に、仕事 (Work)、学校 (School)、物事 (Things) などを文頭に持ってきて"... is/are going well."をその後に続けます。

③ 「…が忙しい」の基本表現は"I'm busy with+名詞"を使います。

●好調です

おかげさまで元気です。	I'm fine, thank you.
元気です。	I'm fine. /Fine. /I'm OK.
調子はいいです。	I'm doing well.
調子はいいよ。	I'm cool.
好調です。	Pretty good. /All right.
なかなか順調です。	Quite well.
絶好調です。	Great! /Wonderful!
順風満帆です。	Couldn't be better.
物事は順調です。	Things are going well.
すべて順調です。	Everything is going well.
仕事は順調です。	Work is going well.
学校は楽しいです。	School is OK.

●忙しいです

忙しいです。	I'm keeping busy.
忙しいよ。	Keeping busy. /Keeping myself busy.
毎日あわただしいです。	I'm always on the run.
忙しいけれど元気です。	Busy, but fine.
仕事が忙しいです。	I'm busy with my work.
学校が忙しいです。	I'm busy with school.

勉強が忙しいです。	I'm busy with my studies.
宿題が忙しいです。	I'm busy with schoolwork.
部活の練習が忙しいです。	I'm busy with the club practice.
塾が忙しいです。	I'm busy with cram school.

●ふつうです

まあまあです。	So-so.
まずまずです。	OK.
悪くないです。	Not bad.
暇です。	Nothing much is going on.
あいかわらずです。	Same as usual.
特に変わりはありません。	Same as always.
なんとかがんばっています。	Getting by.
特に不満はないです。	Can't complain.
特に変わりはありません。	Nothing much. /Not much.

※"What's new?" "What's up?" "What's happening?" などの質問に対して。

●不調です

悪いです。	Not good.
あまりよくありません。	Not so good. /Not too good.
パッとしません。	Not so great.
不調です。	Pretty bad.

よくはないです。	It could be better. /Could be better.
どん底の一歩手前です。	Could be worse.
けっこう厳しいです。	Things are tough.
最悪です。	Terrible. /Awful.
ぼろぼろです。	Crummy.

◉家族の調子

両親は元気です。	Both my parents are fine.
父/母は元気です。	My father/mother is fine.
夫/妻は元気でやっています。	My husband/wife is doing fine.
息子/娘は元気です。	My son/daughter is fine.
子供たちは元気です。	The kids are doing fine.
家族はみんな元気です。	They are all fine.
みんなそれぞれ元気です。	Everyone is fine.
母の具合が悪いです。	My mother isn't well.
父が入院しています。	My father is in the hospital.

7 相手の近況を聞いたら

Disk 1
06

◉「元気です」に対して

それはなによりです。	I'm happy to hear that. /I'm glad to hear that.
それはなにより。	Happy to hear that. /Glad to hear that.

お元気そうでよかったです。	Good/Happy to know you are doing fine.
みなさんお元気でよかったです。	Glad to know everyone is doing fine.
よかったですね。	That's good.
よかった。	Good.

◎不調の原因をたずねる

どうして？	Why?
何があったの？	What happened?
どうかしたの？	What's wrong?
何かありましたか？	Did anything happen?
どうしましたか？	What's the matter?
何を悩んでいるの？	What's bothering you?
話したかったら聞きますよ。	Do you want to talk about it?
よかったら私に話してみませんか。	Do you want to tell me what's bothering you?

8 不調の原因を簡単に説明する　Disk1 07

※悩みごとの詳しい言い方は「悩みを相談する・励ます・アドバイスをする」の章を参照してください。

疲れ気味です。	I'm just tired. /I'm exhausted.
ストレスがたまっています。	I'm stressed out.

仕事がたいへんです。	Work has been difficult.
仕事でいろいろあって。	I'm having trouble with my work.
休みが取れなくて。	I have no days off.
心配ごとが多くて。	I have a lot to think about.
最近体調がすぐれなくて。	I haven't been feeling well lately.
最近いろいろあって。	A lot has happened recently.
学校の勉強のことで悩んでいます。	I'm having trouble with schoolwork.
進路のことで悩んでいます。	I don't know what I want to do after I graduate.
恋人とうまくいっていません。	I'm having trouble with my boyfriend/girlfriend.
家族ともめています。	I'm having trouble with my family.

⑨ 基本的な励まし Disk1 08

お気の毒に。	I'm sorry to hear that.
たいへんですね。	That must be hard for you.
心配しないで。	Don't worry about it.
落ち込まないで。	Don't let it get you down.
元気を出してください。	Please cheer up.
前向きに考えて。	Think positive.

基礎 1 あいさつと簡単なやりとり

解決するといいですね。	I hope things will work out (for you).
元気になるといいですね。	I hope you feel better soon.
早く治るといいですね。	I hope you get well soon.
何かあったらいつでも電話してください。	Call me any time if you feel like talking.

10 別れのあいさつ　Disk1 09

●基本のあいさつ

さようなら。	Good-bye.
バイバイ。	Bye-bye. /Bye.
それじゃね。	So long.
じゃあ、また。	See you (later).
またそのうちに。	See you around.
お元気で。	Take care.
近いうちにまた会えるといいですね。	Hope to see you soon.
また会いましょう。	Let's get together sometime.
がんばってね。	Good luck.
お仕事がんばってください。	Good luck with your work.
勉強がんばってね。	Good luck with your studies.
よい一日を。	Have a nice day.
よい週末を。	Have a nice weekend.

●次回会うときが決まっている場合

また、明日。	See you tomorrow.
また、来週。	See you next week.
それでは土曜日に。	See you Saturday. /See you on Saturday.
それでは7時半に。	See you at seven-thirty.
それでは向こうで会いましょう。	See you there.
それではまた後ほど。 (電話などで)	Talk to you again.
仕事で会いましょう。	See you at work.
学校で会いましょう。	See you at school.

11 職場で　Disk1 10

お疲れさまでした。 (いい仕事をしましたね)	Good job. /Good work.
お疲れさまでした。 (よくやってくれました)	I appreciate your hard work.
ごくろうさまでした。 (特定の労をねぎらう意味で)	Thank you for your trouble.
いつもお世話になっています。	Thank you for your continuing support. ※この表現は顧客や取引先に対して使います。医者、美容師、先生などに対しては使えません。
よろしくお願いいたします。 (ビジネスレターなどで使う)	We ask for your continuing support and cooperation.

基礎 ❷ 自己紹介をする

① 初対面のときのあいさつ　Disk1 11

Point

"How do you do? Nice to meet you." は初対面の人に会ったとき、ほとんどセットで使われる一般的なあいさつです。握手をしながら、このあいさつを交わす場合も多いです。

はじめまして。	How do you do?
お会いできて嬉しいです。	Nice to meet you. /Good to meet you.
	I'm happy to meet you. /I'm glad to meet you.
	It's nice meeting you. /I'm pleased to meet you. /How nice to meet you.
会えて嬉しいです。	Happy to meet you. / Glad to meet you.
お会いできて、たいへん嬉しく思っています。	It's a pleasure to have finally met you.
お会いできて光栄です。	It's an honor to meet you.
会えるのを楽しみにしていました。	I have been looking forward to meeting you.
お噂は、かねがねうかがっていました。	I have heard so much about you.

初めて会った気がしません。	I feel like I already know you.
会いたくてうずうずしていました！	I could hardly wait to see/meet you. /I was dying to see/meet you!
こんにちは。美奈さんですね。	Hello. You must be Mina.

② 「初めまして」に応える　Disk1 12

私のほうこそお会いできて嬉しいです。	Nice meeting you, too.
私のほうこそ。	That goes for me, too.
私も！	Me, too. /Same here.

③ 初対面の人と別れるとき　Disk1 13

お会いできてよかったです。	It was nice meeting you. /Nice meeting you.
お話ができて楽しかったです。	It was nice talking to you. /Nice talking to you.
とても楽しくお話ができました。	I really enjoyed talking to you.
また会えるといいですね。	Hope to see you again.
また会いましょう。	Let's meet again.
これからも連絡を取り合いましょう。	Let's keep in touch. /Keep in touch.

基礎 2　自己紹介をする

４ 自己紹介をする　Disk1 14

基本パターン

My name is Yoshiko Tanaka.	「私の名前は田中よし子です」
I am Japanese. (I am = I'm)	「日本人です」
I live in Yokohama.	「横浜に住んでいます」
I work for Sato Electronics.	「サトウ電気に勤めています」
I am in the computer business.	「コンピューター関係の仕事をしています」

Point

①自己紹介では一般的に自分の職業・家族・趣味などが話題にのぼります。「私は…です」と、自分の職業や立場を言うときは"I'm+国籍・職業（会社員・主婦・学生など）"になります。

②「…に住んでいる」や「…に勤めている」などの動詞は現在形を使います。

③「…に住んでいる」は、"I live in+地名"になります。

④会社名を言うときは、"I work for+会社名"、職種について話すときは"I'm in the+業界名"になります。

姓名

自己紹介をさせてください。　Let me introduce myself.

私の名前は田中よし子です。	My name is Yoshiko Tanaka.
姓が田中で、名がよし子です。	My last name is Tanaka, and my first name is Yoshiko.
よし子と呼んでください。	Please call me Yoshiko.
周りからは「よし」と呼ばれています。	People call me Yoshi.

◉誕生日

誕生日は9月30日です。	My birthday is September 30th.
私は30歳です。	I'm 30 years old.
てんびん座です。	I'm Libra.

◉住所・電話番号・出身地

私は東京に住んでいます。	I live in Tokyo.
住所は東京都港区赤坂1-1-1です。	My address is 1-1-1 Akasaka, Minato Ward, Tokyo. ※(-)はdash(ダッシュ)と読みます。
電話番号は03-5555-6677です。	My telephone number is 03-5555-6677.
横浜出身です。	I'm from Yokohama.
家族と住んでいます。	I live with my family.
一人で住んでいます。	I live alone.
一戸建てに住んでいます。	I live in a house.
アパートに住んでいます。	I live in an apartment.

基礎 2 自己紹介をする

マンションに住んでいます。	I live in a condominium.
両親と/義理の両親と ２世帯住宅に住んでいます。	I live with my parents/in-laws in a house built for two households.
社員寮に住んでいます。	I live in a company dorm.

●職業

働いています。	I'm working.
会社員です。	I'm an office worker. / I'm a company worker. ※サラリーマンは和製英語ですので使わないようにしましょう。
正社員です。	I'm a full-time employee. / I work full-time.
契約社員です。	I work on a contract basis.
派遣で働いています。	I get a job through an agent to work for a certain company.
自由業です。	I'm self-employed.
アルバイトをしています。	I work part-time. / I have a part-time job.
フリーターをしています。	I work on a temporary basis from time to time.
主婦です。	I'm a housewife.
私は大企業に勤めています。	I work for a big company.

私は中小企業に勤めています。	I work for a medium/small-sized company.
サトウ電気に勤めています。	I work for Sato Electronics.
サトウ電気の子会社に勤めています。	I work for a subsidiary of Sato Electronics.
サトウ電気の関連会社に勤めています。	I work for an affiliate of Sato Electronics.
コンピューター業界で働いています。	I'm in the computer business.
退職しています。	I'm retired.

◉仕事内容

事務仕事をしています。	I do office work.
営業をしています。	I do sales and promotional work.
販売をしています。	I work as a salesperson in a shop.
経理をしています。	I do accounting.
秘書業務をしています。	I do secretarial work.

◉学校

Point

①学年を言うときは"I'm in the ... grade."を使います。中学生は6年生の延長として、中学1年：7th grade、中学2年：8th grade、中学3年：9th gradeと言います。

②高校は中学校からの継続として捉え、高校1年生から3年生までを、"10th grade" "11th grade" "12th grade" と言います。

③また、9年生からを高校生として扱い、中3：freshman、高1：sophomore、高2：junior、高3：seniorという言い方もあります。この表現は4年制の大学の学年を言うときにも使えます。

私は学生です。	I'm a student.
私は高校生です。	I'm a high school student.
私は大学生です。	I'm a college student.
中学2年生です。	I'm in the 8th grade.
高校3年生です。	I'm in the 12th grade. / I'm a senior in high school.
大学1年生です。	I'm a freshman in college.
東和中学に通っています。	I go to Towa Junior High School.
東和高校に通っています。	I go to Towa High School.
東和大学に通っています。	I go to Towa University.
短大に通っています。	I go to junior college.
大学院に通っています。	I go to graduate school.
学校は共学です。	I go to a coed school.

※ coed は coeducational の略。

男子校に通っています。	I go to a boys' school.
女子校に通っています。	I go to a girls' school.
私立に通っています。	I go to a private school.
公立に通っています。	I go to a public school.

◉家族構成

四人家族です。 父、母、兄が一人、妹が一人います。	There are four in my family; my father, my mother, one older brother, and one younger sister.
私には母、父、兄が一人と妹が一人います。	I have a mother, father, one older brother, and one younger sister.
三人兄弟/姉妹です。 (妹が一人と兄が一人)	I have one younger sister and one older brother. ※自分を含めた「〜人兄弟」という言い方は英語にはないので、具体的に何人の兄、姉、弟、妹がいるのか言いましょう。
上に兄が二人います。	I have two older brothers.
上に姉が一人、 下に弟が一人います。	I have one older sister and one younger brother.
一人っ子です。	I'm an only child.
長男/長女です。	I'm the oldest son/daughter.
一番下の息子/娘です。	I'm the youngest son/youngest daughter.
三人兄弟の真ん中です。	I'm the middle child.

息子が一人と娘が一人います。	I have one son and one daughter.
独身です。	I'm single.
結婚しています。	I'm married.

●趣味

※趣味に関しての詳しい言い方は「好きなこと・嫌いなこと」の章を参照してください。

趣味は読書と音楽鑑賞です。	My hobby is reading and listening to music.
散歩が好きです。	I like taking walks.
好きな余暇の過ごし方はガーデニングです。	Gardening is my favorite pastime.
暇さえあれば身体を動かします。	I exercise whenever I have time.
時間があるときは、よく映画を見に行きます。	In my spare time I often go to the movies.
特に趣味はありませんが、家でテレビを見ることが好きです。	I don't have any particular hobbies, but I like watching TV at home.

5 「はい」「いいえ」で答えられる簡単な質問 〔Disk 1 15〕

基本パターン

Are you a student?	「学生ですか」
Yes, I am.	「はい、そうです」
No, I'm not. I'm working.	「いいえ、ちがいます。働いています」

Do you have any brothers or sisters?	「ご兄弟はいらっしゃいますか」
Yes, I do. I have one younger sister.	「はい、います。妹が一人います」
No, I don't. I'm an only child.	「いいえ、いません。私は一人っ子です」

Point

①単純に「あなたは…ですか」とたずねたいときは、Be動詞を文頭に持ってきて"Are you...?"のかたちを作ります。"Are you...?"とたずねられた場合の「はい」/「いいえ」の短い答え方は次のようになります。

Yes, I am.	「はい、そうです」
No, I'm not.	「いいえ、ちがいます」

②「～にお住まいですか」、「～にお勤めですか」といった動詞を用いた疑問文は、Doを文頭に持ってきて、"Do you + 動詞?"のかたちを作ります。そのときの、「はい」/「いいえ」の短い答え方は次のようになります。

Yes, I do.	「はい、そうです」
No, I don't.	「いいえ、ちがいます」

ご出身は神戸ですか。	Are you from Kobe?
お仕事はされているのですか。	Are you working?
会社員ですか。	Are you a company worker?
結婚されていますか。	Are you married?

独身ですか。	Are you single?
お住まいは東京ですか。	Do you live in Tokyo?
サトウ電気にお勤めですか。	Do you work for Sato Electronics?
仕事は好きですか。	Do you like your work?
ご家族とお住まいですか。	Do you live with your parents?
お一人でお住まいですか。	Do you live alone?
お子さんはいらっしゃいますか。	Do you have children?

6 相手について質問する　Disk1 16

基本パターン

What	is your name?	「お名前は何ですか」
Where	do you live?	「どちらにお住まいですか」
When	is your birthday?	「誕生日はいつですか」
Who	do you work for?	「どちらにお勤めですか」
How old	are you?	「おいくつですか」

Point

①相手について質問をしたいときは、疑問詞と呼ばれる、What（なに）、Where（どこ）、Who（だれ・どちら）、When（いつ）を使います。疑問詞は文頭にきます。

②自分のことをたずねられて相手にも同じ質問をしたいときは、"How about you?" を使いましょう。

お名前は何ですか。	What is your name?
どちらにお住まいですか。	Where do you live?
ご住所を教えてください。	What is your address?
電話番号は何番ですか。	What is your telephone number?
ご出身はどちらですか。	Where are you from?
お仕事は何をなさっているのですか。	What do you do?
どちらにお勤めですか。	Where do you work? / Who do you work for?
どのようなお仕事をなさっているのですか。	What kind of work do you do?
学校はどちらですか。	What school do you go to?
誕生日はいつですか。	When is your birthday?
ご趣味は何ですか。	What is your hobby?
余暇はどのように過ごしますか。	What do you do in your spare time?
おいくつですか。	How old are you?

7 外国人にする基本的な質問　Disk1 17

外国人に会ったら次のフレーズを使って質問してみましょう。

日本は初めてですか。	Is this your first time to Japan?
日本へは仕事で来ましたか、休暇で来ましたか。	Are you here on business or pleasure?

日本に来たのはなぜですか。	What brought you to Japan?
日本の印象はどうですか。	What's your impression of Japan?
日本食は好きですか。	Do you like Japanese food?
日本でこれまでにどこに行きましたか。	Where have you been in Japan? / What places have you visited in Japan?
日本にはいつまでいますか。	How long are you staying in Japan?

8 相手の言ったことが聞き取れなかった場合　Disk1 18

はい？　えっ？	Pardon me?
失礼？	Excuse me?
もう一度お願いします。	I beg your pardon?
今なんて？	What did you say?
ごめんなさい。今、聞き取れませんでした。	Sorry, I missed that.
もう一度言ってくれませんか。	Could you repeat that again?
すみません。もう一度名字を言ってくれませんか。	I'm sorry, could you repeat your last name again?
もう一度名前を言ってくれませんか。	Could you repeat your first name again?
もう少しゆっくり話してくれませんか。	Could you speak more slowly?

もう少し大きな声で話してくれませんか。	Could you speak louder?

⑨ 基本的なあいづち表現　Disk 1 19

相手に何か言われても、あいづちの仕方がわからなくて無言になってしまう場合がよくあります。以下のフレーズは短くて簡単ですので、そのまま覚えて使いましょう。

なるほど。	I see.
そうなんですか。	Is that so?
よかったですね。	That's good.
それはおもしろいですね。 (「興味深い」という意味合いで)	That's interesting.
おもしろそうですね。	That sounds interesting.
それはすばらしいですね。	That's wonderful. / That's great.
たいへんなお仕事ですね。	That must be hard work.
もっとお話を聞かせてください。	Please tell me more about it.
その通りです。	That's right. / That's true.
同感です。	I agree.

【家族の名称】
「〜人家族です」 : "I have ..."

父	a father
母	a mother
祖父（父方の）	a grandfather (on my father's side) /a paternal grandfather
祖父（母方の）	a grandfather (on my mother's side) /a maternal grandfather
祖母（父方の）	a grandmother (on my father's side) /a paternal grandmother
祖母（母方の）	a grandmother (on my mother's side) /a maternal grandmother
兄	an older brother
姉	an older sister
弟	a younger brother
妹	a younger sister
夫	a husband
妻	a wife
息子	a son
娘	a daughter

【職業のリスト】
「私は～です」 : "I am ..."

学生	a student
主婦	a housewife
会社員	an office worker
公務員	a government employee
教師	a teacher
教授	a professor
医者	a doctor
看護婦	a nurse
弁護士	a lawyer
秘書	a secretary
銀行員	a bank clerk
税理士	an accountant
技師	an engineer
整備士	a mechanic
薬剤師	a pharmacist
栄養師	a dietician
美容師	a beautician
電話交換手	a telephone operator
新聞記者	a reporter

翻訳家	a translator
通訳	an interpreter
芸術家	an artist
画家	a painter
作家	a writer
ミュージシャン	a musician
歌手	a singer
コック	a cook
政治家	a politician

【会社の種類】
「私は〜に勤めています」： "I work for …"

旅行代理店	a travel agent
広告代理店	an advertising agent
銀行	a bank
不動産屋	a real estate company
市役所	the city office / city hall
商社	a trading company
出版社	a publisher
新聞社	a newspaper
雑誌社	a magazine

保険会社	an insurance company
建築会社	a construction company
学校	a school
工場	in / at a factory ※この場合 for は使いません。
デパート	a department store
スーパー	a supermarket
レストラン	a restaurant
薬局	a pharmacy
美容院	a beauty shop/salon

【職種のリスト】

「私は〜関係の仕事をしています」：
"I am in ... business（〜業）/ industry（〜産業）."

コンピューター関係	the computer business
旅行関係	the travel business
金融関係	the financial business
保険関係	the insurance business
語学関係	the language business
出版関係	the publishing business
芸能関係	show business
医学関係	the medical industry

食品関係	the food industry
教育関係	the education industry
ファッション関係	the fashion industry
不動産関係	the real estate industry
サービス業	the service industry

【趣味のリスト】
「私の趣味は〜です」： "My hobby is ..."

読書	reading
音楽鑑賞	listening to music
映画鑑賞	going to the movies
ビデオ鑑賞	watching videos
ファミコン	playing computer games
インターネット	doing Internet
散歩	walking
ジョギング	jogging
テニス	playing tennis
ゴルフ	playing golf
野球	playing baseball
サッカー	playing soccer
水泳	swimming

体操	exercising
登山	mountain climbing
ハイキング	hiking
ガーデニング	gardening
料理	cooking
裁縫	sewing
絵を描く	painting
英会話	learning English
旅行	travelling
温泉に行くこと	going to hot springs
買い物	shopping

基礎 ③ 家族について話す

① 家族や友人を紹介するときのあいさつ　Disk1 20

基本パターン

I would like to introduce you to my mother. (I would = I'd)
「私の母を紹介させてください」

I'd like you to meet Akiko. 「明子を紹介します」

Point

① 英語では名前で紹介し合うことも多いです。名字で「〜さん」と言うときは、Mr.（男性）または Miss（未婚女性）/Mrs.（既婚女性）/Ms.（女性）をつけて紹介しましょう。

② 「私の友達」や「彼の先生」など、所有格「…の」は次のようになります。
私の友達：my friend、あなたの友達：your friend、彼の友達：his friend、彼女の友達：her friend、私たちの友達：our friend、彼らの友達：their friend

こちらは私の友人、田中よし子さんです。	This is my friend, Yoshiko Tanaka.
友達の中村浩二さんを紹介します。	Let me introduce you to my friend, Koji Nakamura.
私の親友、京子に会ってください。	Please meet Kyoko, my best friend.

私がとても仲良くしている久美子を紹介します。	I'd like to introduce you to my close friend, Kumiko.
昔からの友達の明子を紹介します。	I'd like you to meet Akiko, who's been a close friend of mine for a long time.
こちらは高校時代からの友達の直子です。	This is my old high school friend, Naoko.
こちらは大学時代の先輩のひろしさんです。	This is Hiroshi, who was an upper classman in my college.
こちらは一緒に仕事をしている中田さんです。	This is Mrs. Nakata. We work together.
こちらはいつもお世話になっている野村さんです。	This is Mr. Nomura. He has always been so good to us.
私の父を紹介させてください。	I'd like to introduce (you to) my father.
奥さまにぜひ会わせてください。	I'd like to meet your wife.
お二人とも、紹介は済んでいますか。	Have you two been introduced? ※このとき、「はい」の場合は "Yes, we have." 「いいえ、まだです」のときは "No, not yet."
山田さん、よし子にはお会いになりましたか。	Mr. Yamada, have you met Yoshiko? ※このとき、「はい」のときは "Yes, I have." 「いいえ、まだです」のときは "No, not yet."

基礎 3 家族について話す

2 家族について話す Disk1 21

初対面の人との会話では、家族のこともしばしば話題になります。通常、自己紹介と同じように、それぞれの職業や住んでいる場所、好きなことなどについて話します。

基本パターン

My father is a company worker. 「父は会社員です」
He likes golf. 「父はゴルフが好きです」

My mother is a housewife. 「母は主婦です」
She takes care of the house. 「母は家事をします」

Point

① 職業や立場を説明するときは、"人+Be動詞+国籍・職業"になります。「私たち」や「彼ら」のように人数が複数の場合は、名詞に「複数のs」をつけます。

「…は学生です」

(私)	I	am a student.
(あなた・あなたたち)	You	are a student.
	/You	are students.
(彼・彼女・これ)	He / She / It	is a student.
(私たち)	We	are students.
(彼ら・彼女たち)	They	are students.

単純に「~ではありません」と否定するときは以下のようになります。

I	am not		
You	are not	a student.	(are not = aren't)
He/She/It	is not		(is not = isn't)
We/They	are not	students.	(are not = aren't)

②彼(He)・彼女(She)・それ(It)に続く動詞の現在形には動詞の後ろにsがつきます。これを「3単現のs」と呼びます。この場合、have → has / do → does / go → goesのように活用が不規則なものや、「勉強する」： study → studiesのようにスペルが変化するものがあります。また、-s/-ss/-sh/-ch/-xで終わる動詞の場合は、esをつけます(見る： watch → watches)。

「…は働いています」

(私)	I	work.
(あなた・あなたたち)	You	work.
(彼・彼女・それ)	He / She / It	works.
(私たち)	We	work.
(彼ら・彼女たち・それら)	They	work.

否定文は以下のようになります。

I	do not		
You/We/They	do not	work.	(do not = don't)
He/She/It	does not		(does not = doesn't)

◉父親

父は会社員です。	My father is an office worker.
父は自分の会社を経営しています。	My father runs his own company.
父は仕事にひとすじです。	My father is devoted to his work.
父は引退しています。	My father is retired.
父の趣味はゴルフです。	His hobby is playing golf.
子供に厳しいです。	He is strict with his children.
子供に干渉しません。	He doesn't interfere with his children.
門限にうるさいです。	He is strict about curfew.
昔かたぎの人です。	He is a traditional type man.
母に頭があがりません。	He is henpecked.
家事は母まかせです。	He leaves all the housework to my mother.
家事の手伝いもときどきします。	He sometimes helps with the housework.
忙しくてほとんど家にいません。	He is hardly home because he is busy.

◉母親

母は主婦です。	My mother is a housewife.

母は子供の面倒をみています。	My mother takes care of the children.
母は家事をします。	My mother does the housework.
母は家事が好きではありません。	My mother doesn't like housework.
両親の面倒をみています。	My mother takes care of her parents.
義理の両親の面倒をみています。	My mother takes care of her in-laws.
母は父の仕事を手伝っています。	My mother helps with my father's business.
母は父の言うことに従います。	My mother obeys my father.
母は仕事と家庭を両立させています。	My mother works and takes care of the house at the same time.
私の母はパート勤めをしています。	My mother works part-time.
私の母はボランティアをしています。	My mother does volunteer work.
私の母は放任主義です。	My mother lets us do anything we like.
彼女は家庭的な人です。	She is the homey type.
彼女は子供に甘いです。	She can't say "no" to her children.
彼女は子供を甘やかします。	She spoils her children.

基礎 3 家族について話す

●両親について

両親は二人とも働いています。	Both my parents work.
両親は仲がいいです。	My parents get along well.
二人それぞれの趣味を持っています。	They have their own hobbies.
二人でよく旅行をします。	They often go on trips together.
両親は離婚しています。	My parents are divorced.
父は亡くなりました。	My father passed away.
母は亡くなりました。	My mother passed away.

※「亡くなった」は過去形になります。

●夫・妻・子供

私の夫はサトウ電気の社員です。	My husband works for Sato Electronics.
子供とよく遊びます。	He often plays with the children.
夫は子煩悩です。	My husband adores his children.
夫は家庭を大切にします。	My husband cares about the family.
家のことは私まかせです。	My husband lets me do all the housework.
夫は帰りがいつも遅い/早いです。	He always comes home late/early.

妻は働いています。	My wife works.
私の妻は家にいて、子供の面倒をみています。	My wife stays home and takes care of the children.
うちは共働きです。	Both my wife/husband and I are working.
家事は交代してやります。	We take turns doing the housework.
息子/娘は小学生です。	Our son/daughter is in elementary school.
長男はアメリカに留学しています。	Our oldest son is studying abroad.
上の子は結婚しています。	Our oldest child is married.
真ん中の子は働いています。	Our middle child is working.
下の子はまだ学生です。	Our youngest child is still in school.

兄弟・姉妹関係

弟/妹は2つ年下です。	My brother/sister is two years younger than I am.
兄/姉は3つ年上です。	My brother/sister is three years older than me.
兄弟・姉妹、仲はいいです。	We are close to each other.
兄弟・姉妹、あまり性格が合いません。	We don't get along with each other.
よく話をします。	We often talk to each other.

基礎 3 家族について話す

よく一緒に出かけます。	We often go out together.
離れて住んでいます。	We live apart from each other.
離れて住んでいますが、よく連絡を取り合います。	We live apart, but we keep in close touch.
離れて住んでいるので、あまり会いません。	We live apart, so we don't see each other often.
兄弟・姉妹、性格が似ています。	We have similar personalities.
性格は正反対です。	We are the opposite.
まったくタイプが違います。	We are totally different from each other.
外見は似ています。	We look alike.
外見は似ていません。	We don't look alike.
周りからはよく似ていると言われます。	People often tell us we look alike.
周りからはあまり似ていないと言われます。	People say we don't look like each other.

※外見・性格の詳しい描写は「人の外見と性格を説明する」の章を参照してください。

③ 相手の家族について「はい」「いいえ」で答えられる簡単な質問

基本パターン　　　　　　　　　　　　　　Disk 1　22

Is your father an office worker?	「お父さんは会社員ですか」
Yes, he is.	「はい、そうです」
No, he isn't. He has his own business.	「いいえ、ちがいます。自分の会社を持っています」

Does your mother work? 「お母さんは働いていらっしゃいますか」

Yes, she does. 「はい、働いています」

No, she doesn't.
She is a housewife. 「いいえ、働いていません。母は主婦です」

Point

① Be動詞の疑問文は以下のようになります。
Is　he/she/it　a student?　「学生ですか」
Are　we/they　　students?

②「はい」/「いいえ」の短い答え方は次のようになります。
Yes, you/we/they are.　　「はい、そうです」
Yes, he/she/it is.

No, you/we/they aren't.　「いいえ、ちがいます」
No, he/she/it isn't.

③「～にお住まいですか」、「～にお勤めですか」といった動詞を用いた疑問文は、Do/Doesを文頭に持ってきて、"Do/Does＋人＋動詞?"のかたちを作ります。Doesの疑問文のとき、動詞はもとのかたち（原形）に戻します。

Do　　I/you/we/they work?　「…は働いていますか」
Does he/she/it　　　work?

④「はい」/「いいえ」の短い答え方は次のようになります。
Yes, you/we/they do.　　　No, you/we/they don't.
Yes, he/she/it does.　　　No, he/she/it doesn't.

基礎3 家族について話す

お父さんは東京出身ですか。	Is your father from Tokyo?
ご両親は横浜にお住まいですか。	Do your parents live in Yokohama?
お母さんは主婦ですか。	Is your mother a housewife?
お母さんは働いていますか。	Does your mother work?
お母さんはパートで働いていますか。	Does your mother work part-time?
お兄さんは結婚されていますか。	Is your brother married?
お姉さんにお子さんはいらっしゃいますか。	Does your sister have children?
息子さんは学生ですか。	Is your son a student?

4 相手の家族についてたずねる　Disk1 23

基本パターン

What is your father's name?

「お父さんのお名前は何ですか」

Where does your father work?

「お父さまはどちらにお勤めですか」

How old is your older brother?

「お兄さんはおいくつですか」

Point

①家族についてたずねるときは、What（なに）やWhere（どこ）などの疑問詞を文頭に持ってきて質問します。

②家族について質問されて、「あなたのお父さんは？ お母さんは？」と相手にも同じことをたずねたい場合は、"How about...?"を使います。

お父さまのお仕事は？	What does your father do?
お父さまはどちらにお勤めですか。	Where does your father work?
お父さまのご趣味は何ですか。	What is your father's hobby?
お母さまは何をなさっていますか。	What does your mother do?
お母さまのご趣味は何ですか。	What is your mother's hobby?
ご両親はどちらにお住まいですか。	Where do your parents live?
ご主人/奥さまは何をなさっていますか。	What does your husband/wife do?
ご兄弟は何をなさっていますか。	What does your sister/brother do?
ご兄弟はどちらに住んでいますか。	Where does your brother/sister live?

お兄さん/弟さんはおいくつですか。	How old is your brother?
お姉さん/妹さんはおいくつですか。	How old is your sister?
息子さん/娘さんは何をなさっていますか。	What does your son/daughter do?
息子さん/娘さんはおいくつですか。	How old is your son/daughter?
息子さん/娘さんはどちらの学校に通っていますか。	What school does your son/daughter go to?
あなたのお父さんは？	How about your father?
あなたのお母さんは？	How about your mother?
あなたのご主人/奥さんは？	How about your husband/wife?
あなたのご兄弟は？	How about your sister/brother?
あなたの息子さん/娘さんは？	How about your son/daughter?

【家族の名称】

父	father
母	mother
祖父（父方の）	grandfather (on my father's side) /paternal grandfather
祖父（母方の）	grandfather (on my mother's side) /maternal grandfather

祖母（父方の）	grandmother (on my father's side) /paternal grandfather
祖母（母方の）	grandmother (on my mother's side) /maternal grandmother
兄	older brother
姉	older sister
弟	younger brother
妹	younger sister
夫	husband
妻	wife
息子	son
娘	daughter
叔父・伯父	uncle
スティーブおじさん	Uncle Steve
叔母・伯母	aunt
メアリーおばさん	Auntie Mary
いとこ	cousin
姪	niece
甥	nephew
義理の父	father-in-law
義理の母	mother-in-law
義理の両親	the in-laws
義理の兄・弟	brother-in-law
義理の姉・妹	sister-in-law

基礎 ④ 日時と曜日

① 日付と曜日をたずねる・答える　Disk1 24

基本パターン

- **Q** What is today's date?　「今日は何日ですか」
  What is the date today?
- **A** Today is October 25th.　「今日は 10 月 25 日です」
  It's October 25th.　「10 月 25 日です」
- **Q** What day is today?　「今日は何曜日ですか」
- **A** Today is Monday.　「今日は月曜日です」
  It's Monday.　「月曜日です」

Point

①曜日は Monday（月）、Tuesday（火）、Wednesday（水）、Thursday（木）、Friday（金）、Saturday（土）、Sunday（日）です。

② date は「日付」、day は「曜日・日」を表します。日付・曜日について話しているということがお互いにわかっているときは、date や day を省略して、簡単に "What's today?（今日は？）"、"What's tomorrow?（明日は？）" で問いかけることもあります。

③ today/tomorrow/yesterday などは it に置き換えることもできます。日付を答えるときは、"It is + 日付・曜日" になります。過去の日付・曜日をたずねるとき・答えるときは is

→wasに変えます。日付を言うときは普通のone, two, three…の数字を使わず、first, second, third…という序数詞を使います。

●日付をたずねる

今日は何日ですか。	What is today's date? / What's today? / What's the date (today)?
明日は何日ですか。	What is tomorrow's date?
昨日は何日でしたか。	What was yesterday's date?
来週の木曜日は何日ですか。	What's the date of next week Thursday?
先週の金曜日は何日でしたか。	What was the date of last week Friday?

●日付を言う

今日は10月30日です。	Today is October thirtieth. / It's October thirtieth.
明日は31日です。	Tomorrow is the thirty-first. / It's the thirty-first.
昨日は29日でした。	Yesterday was the twenty-ninth. / It was the twenty-ninth.
15日です。	It's the fifteenth.
2日でした。	It was the second.

◉曜日をたずねる

今日は何曜日ですか。	What day is today?
明日は何曜日ですか。	What day is tomorrow?
昨日は何曜日でしたか。	What day was yesterday?
今日は何日・何曜日ですか。	What's today?
17日は何曜日ですか。	What day is the seventeenth?
5日は何曜日でしたか。	What day was the fifth?

◉曜日を言う

今日は月曜日です。	Today is Monday. / It's Monday.
明日は火曜日です。	Tomorrow is Tuesday.
昨日は日曜日でした。	Yesterday was Sunday.
今日は10月13日、月曜日です。	Today is Monday, October thirtieth.
土曜日です。	It's Saturday.
水曜日でした。	It was Wednesday.
今年のクリスマスは火曜日にあたります。	This year's Christmas falls on Tuesday.
今度のお正月は木曜日にあたります。	The New Year falls on Thursday.

② イベントの日にち / 曜日をたずねる・答える　Disk1 25

基本パターン

- **When is the meeting?** 「打ち合わせはいつですか」
- **A** It's on the 25th. 「25日です」
  It's on Monday. 「月曜日です」
  It's on October 25th. 「10月25日です」
  It's on Monday, the 25th. 「25日の月曜日です」

Point

①イベントや予定の日時をたずねるときは、When（いつ）を使って、"When is the + イベント?" になります。

②答えるとき、日にち・曜日の前にはonを付けます。日にちだけを言うときは、onの後にtheを付けて、on the 25thになります。

●イベントの日にち・曜日をたずねる

打ち合わせはいつですか。	When is the meeting?
次の会議はいつですか。	When is the next meeting?
納品はいつですか。	When is the delivery?
発送はいつですか。	When is the shipment?
試験はいつですか。	When is the test?
入試はいつですか。	When is the entrance exam?
レッスンはいつですか。	When is the lesson?

面接はいつですか。	When is the interview?
歯医者の予約はいつですか。	When is the dentist appointment?
美容院の予約はいつですか。	When is the beauty shop appointment?

◉イベントの日にち・曜日を答える

4月25日です。	It's on April twenty-fifth.
20日です。	It's on the twentieth.
20日の午後です。	It's in the afternoon of the twentieth.
20日の午前中です。	It's in the morning of the twentieth.
来月の10日です。	It's on the tenth of next month. / It's next month on the tenth.
金曜日です。	It's on Friday.
今度の水曜日です。	It's next Wednesday. ※ next があるとき on はつけません。
来週の火曜日です。	It's next week Tuesday. / It's on Tuesday next week.
毎週土曜日です。	It's every Saturday. ※ every があるとき on はつけません。
月曜の朝です。	It's on Monday morning.
火曜の午後です。	It's on Tuesday afternoon.
水曜の夜です。	It's on Wednesday night.

3 時間をたずねる・答える　Disk1 26

基本パターン

Q What time is it?　　　　「今、何時ですか」

A It's ten-fifteen.　　　　「10時15分です」

Point

　時間の言い方は、It is を使ってそのまま数字を言う表現と(7時15分だったら、It's seven fifteen.)、15分を表す quarter や半分を表す half などを使う表現があります。知らない人に時間を訊く時は、"Excuse me.（失礼）" と断ってから、丁寧な言い方でたずねたほうがいいでしょう。

◎時間をたずねる

今、何時ですか。	What time is it (now)?
今、何時だかわかりますか。	Do you know what time it is? / Do you have the time?
時間を教えてくださいませんか。	Could you give me the time?
今、何時だか教えてくださいませんか。	Could you tell me what time it is?
時間を教えていただけませんか。	Could you please give me the time?

◎時間を答える

| 午後12時です。正午です。 | It's twelve p.m. / It's noon. |
| 午前0時です。 | It's twelve midnight. / It's midnight. |

午前9時です。	It's nine a.m.
午後9時です。	It's nine p.m.
10時ちょうどです。	It's ten o'clock. / It's exactly ten.
10時ぴったりです。	It's ten sharp. / It's ten o'clock on the dot.
だいたい10時です。	It's about ten.
2時ちょっと過ぎです。	It's a little past two.
2時10分です。	It's two-ten.
2時10分過ぎです。	It's ten minutes past two.
2時15分です。 /2時15分過ぎです。	It's two-fifteen. / It's quarter past two.
2時30分です。 /2時半です。	It's two-thirty. / It's half past two.
2時45分です。 /3時15分前です。	It's two-forty five. / It's quarter to three.
3時5分前です。	It's five to three. / It's five minutes before three.
3時ちょっと前です。	It's a little before three.
3時数分前です。	It's a few minutes before three.
もうすぐ4時です。	It's almost four.
もう4時です。	It's already four.

④ 開始時刻と終了時刻をたずねる・答える　Disk1 27

基本パターン

Q What time is your work?　「仕事は何時から何時ですか」
A It's from nine to five.　「9時から5時までです」
Q What time is the appointment?　「予約は何時ですか」
A It's at one-thirty.　「1時半です」

Point

①イベントの時間をたずねるときは、"What time is + イベント?"を使います。"What time is ...?"という表現には、開始時刻のほかに、終了時刻をたずねる意味も含まれています。「…から…まで」と、継続時間を表現するときは、"It is from ... to ..."を使います。

②開始時刻だけをたずねるときは:

　　What time does it start?　　「それは何時からですか」
　　It starts at ten o'clock.　　「10時に始まります」

終了時刻だけをたずねるときは:

　　What time does it finish?　　「それは何時までですか」
　　It finishes at two-thirty.　　「2時半に終わります」

③予約など、単純に時間だけを答えるときは、"It is at + 時間"を使います。同じ予約でも面接や病院の予約はappointment、ホテルや食事の予約はreservationになりますので、区別しましょう。

●イベントの時間をたずねる

仕事は何時から何時までですか。	What time is your work? / What time do you work?
仕事は何時からですか。	What time does your work start?
仕事は何時に終わりますか。	What time do you finish work?
昼休みは何時から何時までですか。	What time is your lunch break?
次の会議は何時からですか。	What time does the next meeting start?
最後の授業は何時に終わりますか。	What time do you finish your last class?
試験は何時ですか。	What time is the test?
歯医者の予約は何時ですか。	What time is your dentist appointment?
面接の予約は何時ですか。	What time is the interview?
美容院の予約は何時ですか。	What time is the beauty shop appointment?
ランチの予約は何時ですか。	What time is the lunch reservation?
ディナーの予約は何時ですか。	What time is the dinner reservation?

●イベントの時間を答える

10時です。	It's at ten.
9時半から6時までです。	It's from nine-thirty to six o'clock.

仕事は9時から5時までです。	The work is from nine to five. / I work from nine to five.
9時半からです。	It starts at nine-thirty.
6時に終わります。	It finishes at six.
6時ごろ終わります。	It finishes about six.
12時から1時までです。	It's from twelve to one.

5 継続時間 / 期間をたずねる・答える Disk 1 28

基本パターン

Q How long is your work? 「仕事は何時間ですか」
A It's from nine to five. 「9時から5時までです」
　　It's eight hours. 「8時間です」
　　I work eight hours a day. 「1日8時間働きます」

Point

「何分」「何時間」「何日」など、時間や期間をたずねるときは"How long is ...?"を使います。このとき、"It is two hours.（2時間）"、"It's ten days.（10日間）"と数字をそのまま答えることもできますし、"from ... to ..."を使って「…時（日）から…時（日）までです」と答えることもできます。

●継続時間・期間をたずねる

何時間勤務ですか。	How long is your work?
昼休みはどれくらいですか。	How long is your lunch break?
会議はどれくらいですか。	How long is the meeting?

授業は何時間ですか。	How long is the class?
レッスンはどれくらいですか。	How long is the lesson?
テストはどれくらいですか。	How long is the test?
夏休みはどれくらいありますか。	How long is your summer vacation?
年末の休みは何日ぐらいありますか。	How long is your New Year's holiday/vacation?
旅行はどれくらいですか。	How long is the trip?

◆継続時間・期間を答える

8時間労働です。	I work eight hours a day. / The work is eight hours.
1時間です。	It's an hour long.
1時半から3時までです。	It's from one-thirty to three.
2時間です。	It's two hours.
2時間ぐらいです。	It's about two hours long.
5日間ぐらいです。	It's about five days.
6日間です。	It's six days.
1週間ぐらいです。	It's about a week long.

⑥ 所要時間をたずねる・答える　Disk1 29

【基本パターン】

Q **How long does it take from Kamakura to Yokohama?**
「鎌倉から横浜までどれくらいかかりますか」

A It takes about thirty minutes by train.
「電車で30分くらいかかります」

Point

①所要時間をたずねる基本表現は"How long does it take?"です。A地点からB地点までどれくらいかかるかと訊きたいときは、"How long does it take from A to B?"となります。

②答えるときは、"It takes..."を使います。交通手段を言うときは"by+交通手段"で表現します(「歩いて」は"on foot")。

●所要時間をたずねる

家から会社まで何時間ですか。	How long does it take from your place to the office?
家から学校まで何時間ですか。	How long does it take from your place to school?
通勤時間はどれくらいですか。	How long does it take to commute to work?
通学時間はどれくらいですか。	How long does it take to commute to school?
家から最寄り駅までどれくらいですか。	How long does it take from your place to the nearest station?
駅まで歩いてどれくらいですか。	How long does it take to the station on foot?
近くのコンビニまでどれくらいですか。	How long does it take to the nearest convenience store?

基礎4 日時と曜日

近くのスーパーまでどれくらいですか。	How long does it take to the nearest supermarket?
駅から会社までどれくらいですか。	How long does it take to the office from the station?
鎌倉から東京まで電車でどれくらいですか。	How long does it take from Kamakura to Tokyo by train?
都内から箱根まで車でどれくらいですか。	How long does it take from Tokyo to Hakone by car?
ニューヨークまでどれくらいですか。	How long does it take to New York?

◉所要時間を答える

1時間半くらいかかります。	It takes about an hour and a half.
歩いて15分かかります。	It takes about fifteen minutes on foot.
自転車で20分くらいかかります。	It takes about twenty minutes by bicycle.
バイクで30分くらいかかります。	It takes about thirty minutes by motorbike.
バスで45分くらいかかります。	It takes about forty-five minutes by bus.
電車で2時間かかります。	It takes two hours by train.
電車の接続がいいと1時間半で着きます。	It takes only an hour and a half if the connections are good.
地下鉄で数分かかります。	It takes several minutes by subway.

車で4時間くらいかかります。	It takes about four hours by car.
道がすいていれば3時間で行けます。	It takes only about three hours if there is no traffic.
渋滞すると5時間以上かかります。	It takes over five hours if the traffic is heavy.
飛行機で12時間くらいかかります。	It takes about twelve hours by plane.

【序数詞】

1. first
2. second
3. third
4. fourth
5. fifth
6. sixth
7. seventh
8. eighth
9. ninth
10. tenth
11. eleventh
12. twelfth
13. thirteenth
14. fourteenth
15. fifteenth
16. sixteenth
17. seventeenth
18. eighteenth
19. nineteenth
20. twentieth
21. twenty-first
22. twenty-second
23. twenty-third
24. twenty-fourth
25. twenty-fifth
26. twenty-sixth
27. twenty-seventh
28. twenty-eighth
29. twenty-ninth
30. thirtieth
31. thirty-first

基礎 ⑤ 天気・季節について話す

1 天気について話す　Disk1 30

基本パターン

Q How is the weather?　　　「天気はどうですか」
A The weather is nice.　　　「天気はいいです」
　　It's sunny.　　　　　　　「晴れています」
　　It's a sunny day.　　　　「今日は晴れています」
　　It's a sunny day, isn't it?　「今日はよく晴れていますね」

Point

① 「天気がいい・悪い」の基本表現は"The weather is + 形容詞"です。「晴れ」や「雨」など、具体的な天気を表すときは"It is + 形容詞"を使います。

② "It is a + 形容詞 + day."は「今日は…です」を表します。この形容詞はdayを修飾しているので、形容詞の前にa/anを付けましょう。

③ 「今日は暑いですね」というように相手に話しかけるときは、文末にisn't it?を付けます。「そうですね」と答えるときは"Yes, it is."です。

　　It's hot, isn't it?　　　　「暑いですね」
　　Yes, it is.　　　　　　　「そうですね」

④ 「雨が降っている」、「雪が降っている」など、動詞の場合

は "It is + 動詞 ing" のかたちを使います。

  It's raining.　　　　　　　「雨が降っています」

⑤ "We are having + 名詞" も天気を表すときに用いられる表現です。

  We're having a typhoon.　「台風です」
          ／「台風がやってきます」

⑥過去の天気について話すときはIt is→It wasに、動詞を過去形に変えて言いましょう。

  It was sunny yesterday.　「昨日は晴れていました」
  It rained last night.　　　「昨晩、雨が降りました」

◉天気はどうですか

そちらの天気はどうですか。	How is the weather there?
天気はどうでしたか。	How was the weather?
そちらは晴れていますか。	Is it sunny there?
そちらは雨が降っていますか。	Is it raining there?

◉いい天気です

天気がいいです。	The weather is nice.
さわやかな天気です。	The weather is clear.
おだやかな天気です。過ごしやすいです。	The weather is mild.
今日はいい天気です。	It's a fine day.
とてもいい天気ですね。	It's a beautiful day, isn't it?

基礎 5　天気・季節について話す

よく晴れています。	It's a sunny day.
晴れ渡っています。	It's a bright day.
暖かいです。	It's warm.
風がさわやかです。	We have a nice breeze.
からっとしています。	The air is crisp.
太陽が輝いています。	The sun is shining.
空に雲一つありません。	The sky is cloudless.
なんていい天気なんでしょう!	What a beautiful day!
暑くもなく寒くもなく、ちょうどいい天気です。	The weather is just right; it's not hot, it's not cold.
外出するのにうってつけの天気です。	It's a perfect day to go out.

●天気が悪いです

天気が悪いです。	The weather is bad.
ひどい天気ですね。	The weather is terrible, isn't it?
いやな天気です。	The weather is lousy. / It's gloomy weather.
不安定な天気です。	The weather is unstable.
変わりやすい天気です。	The weather is changeable.
なんてひどい天気なんでしょう!	What miserable weather!
天気が悪いのでどこへも行く気になれません。	I don't feel like going out in this awful weather.

◉曇り・雨・雪・雷

曇っています。	It's cloudy.
風が強いです。	It's windy.
雨が降っています。	It's raining.
どしゃぶりです。	It's pouring.
すごい雨です。	It's raining hard.
小雨が降っています。	It's raining lightly.
にわか雨が降っています。	We're having a shower.
今日は一日雨ですね。	It's a rainy day, isn't it?
雪が降っています。	It's snowing.
雪がかなり降っています。	It's snowing quite heavily.
ひょうが降っています。	It's hailing. / It's a hailstorm.
霧がでています。	It's foggy.
嵐です。	It's stormy.
雷が鳴っています。	We're having thunder and lighting.
台風が来ています。	We're having a typhoon. / A typhoon is coming.
突然の雨で傘がなくて困りました。	I was caught in a sudden downpour/shower without an umbrella.

基礎 5 天気・季節について話す

◉暑いです

暑いです。	It's hot.
とても暑いです。	It's very hot.
蒸し暑いです。	It's humid.
べたべたしています。	It's sticky.
湿度が高いです。	The humidity is high.
日差しが強いです。	The sunlight is strong.
熱帯夜が続きます。	It's very hot and humid every night.
連日30度を越しています。	The temperature is over 30 degrees everyday.

◉涼しいです・寒いです

涼しいです。	It's cool.
寒いです。	It's cold.
冷え込みます。	It's chilly.
凍えます。	It's freezing.
外は寒いです。	It's freezing outside.
風が冷たいです。	The air is freezing.
夜は一段と冷え込みます。	It gets much colder at night.

◉荒れた天気について

昨晩はどしゃぶりでした。	It was pouring last night.

昨日、台風が上陸しました。	We were hit by a typhoon yesterday.
昨晩はすごい嵐でした。	It was really stormy last night.
昨日はすごい雪でした。	It really snowed hard yesterday.
昨日の雷はすごかったですね。	It really thundered yesterday!
昨日の夜、大きな地震がありました。	There was a huge earthquake last night.
6時ごろ、弱い地震がありました。	There was a slight earthquake about six o'clock.

2 季節について　Disk 1　31

基本パターン

It's spring.	「春です」
It's almost spring.	「もうすぐ春です」
It's already spring.	「もう春です」
Summer is here.	「夏がやって来ました」
Summer is over.	「夏も終わりです」

Point

① 「春です」のように季節を言うときは"It is + 季節"のかたちを使います。

② 「もうすぐ…です」のときは"It is almost + 季節"、「もう…です」は"It is already + 季節"になります。

③「…になりました」は"季節+is here."、「…も終わりです」は"季節+is over."を使います。

◎春

もうすぐ春です。	Spring is almost here.
もう4月ですね。	It's already April.
日一日と暖かくなってきます。	It's getting warmer day by day.
春はいい季節です。	Spring is a nice season.
春は暖かくて過ごしやすいです。	Spring is a good season; the weather is warm and mild.
春はさわやかな季節です。	I enjoy the mild weather of spring.
春のそよ風は気持ちいいです。	I enjoy the soft spring breeze.
春は桜がきれいです。	We can enjoy the beautiful cherry blossoms in spring.
春は花見に行きます。	I go flower-viewing in spring.
私は春が好きです。	I like spring.
花粉症なので春はつらいです。	I don't like spring because I have hay fever.
もうすぐゴールデンウィークです。	It's almost Golden Week.

●夏

もうすぐ梅雨に入ります。	The rainy season is coming.
うっとうしい梅雨の季節です。	The rainy season is depressing.
梅雨がようやく明けました。	The rainy season is finally over.
日が延びました。	The days are getting longer.
もう夏ですね。	Summer is here.
私は夏が好きです。	I like summer.
毎日暑いですね。	It's very hot everyday, isn't it?
夏の暑さは強烈です。	The summer heat is so intense.
夏は湿度が高いです。	The humidity is high in summer.
夏は特に紫外線が強いです。	The ultraviolet rays are particularly strong in summer.
夏休みも間近ですね。	It's almost summer vacation.
夏を楽しんでいますか。	Are you enjoying the summer?
暑中お見舞い申し上げます。	I hope you are enjoying the summer.
夏は開放的になります。	You feel free and easy in the summer.
夏は海水浴を楽しみます。	I enjoy going to the beach in summer.

基礎 5　天気・季節について話す

日に焼けて真っ黒になりました。	I'm tanned from sunbathing.
暑くて寝苦しい夜が続きます。	It's so hot that I can't sleep well at night.
暑くて何もする気が起きません。	It's so hot that I don't feel like doing anything.
暑いのは苦手です。	I don't like hot weather.

●秋

もう夏も終わりですね。	The summer season is over.
台風の季節です。	It's typhoon season.
もう秋ですね。	It's already autumn.
秋は私の好きな季節です。	Autumn is my favorite season.
夜は少し冷えますね。	It gets cool at night.
涼しくなりました。	It's gotten much cooler.
風が冷たくなりました。	You can feel the chill in the air.
日差しも弱まってきました。	The heat is lessening.
秋は紅葉がきれいです。	We can enjoy the beautiful foliage in autumn.
スポーツの秋です。	It's a perfect season for sports.
食欲の秋です。	It's a season to enjoy good food.
読書の秋です。	It's a good season to enjoy reading.

●冬

もう冬ですね。	It's already winter.
毎日寒いですね。	It's very cold everyday, isn't it?
朝晩冷え込むようになりました。	It has gotten cooler in the morning and evening.
寒いのは苦手です。	I don't like cold weather.
日が短くなります。	The days get shorter.
冬は空気が乾燥します。	The air is dry in the winter.
寒くて朝起きるのがつらいです。	It's so cold that I have a hard time waking up in the morning.
手足が冷えます。	My hands and feet get cold.
あっという間に今年も終わりですね。	This year will be over before you know it.
もうすぐクリスマスです。	It's almost Christmas.
もうすぐお正月です。	It's almost New Year.
もうすぐお正月休みです。	It's almost winter vacation.
年末はあわただしいです。	Everyone is busy at the end of the year.

基礎 ⑥ お祝い・お悔やみの言葉

1 お祝いの言葉　Disk1 32

Point

①季節の行事を祝うときはHappy...を使い、結婚、出産、卒業、就職などはCongratulationsを使って祝いの意を表します。

②「いいことがたくさんありますように」のように、願いや希望を表すときは"I wish you＋名詞"のかたちを使います。

I wish you success.	「成功を祈っています」
I wish you good luck.	「幸運を祈っています」

◎季節の行事

ハッピーバレンタイン！	Happy Valentine's Day!
ハッピーハロウィン！	Happy Halloween!
復活祭おめでとう！	Happy Thanksgiving!
メリークリスマス！	Merry Christmas!
よいお年を！	I hope you have a happy New Year.
明けましておめでとう！	Happy New Year!

※あいさつとして使うときは "A happy new year" とは言わないように。

◉クリスマスカード・年賀状に一言添える

　海外では12月に入ると、クリスマスとお正月を楽しく無事に過ごせるようにとの願いを込めて、離れて暮らしている家族や友人にクリスマスカードを送る習慣があります。

すてきなクリスマスとお正月をお過ごしください。	I wish you a Merry Xmas and a Happy New Year.
クリスマス休みを楽しんでくださいね。	I hope you enjoy yourself during the holidays.
クリスマスと新年を楽しく過ごしてくださいね。	Have a wonderful Christmas and New Year.
この季節、みなさまの幸福をお祈り申し上げます。	Best wishes for a happy holiday season.
新しい年が実り多い一年になりますように！	I wish you a prosperous new year!
新たな年が幸福と健康と成功の一年になりますように。	I wish you great happiness, good health, and prosperity for the coming year!
今年がすばらしい一年になりますように。	Hope this year will be a wonderful year for you!

◉母の日・父の日

母の日、おめでとう。	Happy Mother's Day!
お母さん、いつも愛情を注いでくれてありがとう。	Thank you, Mom, for always loving me.
お母さんの愛情と支えに感謝しています。	I'm deeply grateful to you for your love and understanding.

基礎6　お祝い・お悔やみの言葉

お母さんは最高です。	You are special to me.
お母さんの娘でよかった。	I'm glad that you are my mother.
いつも心配かけてごめんね。	I'm sorry to make you worry all the time.
口には出さないけれど、お母さんのことを大切に思っています。	Though I may not show it, I love you always.
母の日に感謝を込めて。	Happy Mother's Day with love.
父の日、おめでとう。	Happy Father's Day!
お父さんを尊敬しています。	I respect you very much.
家族を支えてくれてありがとう。	Thank you for supporting the family.
みんなのために一生懸命働いているお父さんを尊敬します。	I respect you for working hard for all of us.
いつも家族を見守ってくれてありがとう。	Thank you very much for always watching over us.
お父さんは偉大です。	You're a great man!

◉誕生日を祝う

お誕生日おめでとう。	Happy birthday!
30歳のお誕生日おめでとう。	Happy 30th birthday!
ちょっと遅れてしまったけれど、お誕生日おめでとう。	Happy belated birthday!
今日は特別な日ですね！	It's your special day!

楽しいお誕生日を過ごしてください。	Hope you have a wonderful birthday!
友達や家族と楽しい誕生日を過ごしてください。	Enjoy your birthday with your friends and family!
大切な人とすてきな誕生日を過ごしてください。	Have a wonderful birthday with your loved ones.
この特別な日が幸せいっぱいでありますように。	Hope this special day will be filled with happiness.
笑顔と喜びいっぱいの誕生日を過ごしてください。	Wishing you a day filled with laughter and joy!
誕生日の願いごとがすべてかないますように！	Hope your birthday wishes will all come true!
プレゼント、気に入ってくれたら嬉しいです。	I hope you like the present.
世界中の幸せがあなたのものになりますように。	You deserve all the happiness in the world!

●婚約・結婚・出産・記念日

婚約おめでとう。	Congratulations on your engagement!
ご結婚おめでとう。	Congratulations on your marriage!
お似合いのカップルです。	You two are a perfect match.
末永くお幸せに。	Please be happy together forever.
温かい家庭を築いてください。	Hope you have a happy family!

基礎 6 お祝い・お悔やみの言葉

元気な赤ちゃんを生んでください。	Hope you have a healthy baby!
ご出産おめでとう。	Congratulations on your new baby!
赤ちゃんがすくすくと健康に育ちますように。	Hope the baby will grow up healthy.
結婚記念日おめでとう。	Happy wedding anniversary!

●入学・卒業・就職

高校入学おめでとう。	Congratulations on your entering high school!
大学入学おめでとう。	Congratulations on your entering college!
卒業おめでとう。	Congratulations on your graduation!
就職おめでとう。	Congratulations on getting a job!
これからもがんばって勉強してください。	Keep up the good work.
将来に向けてがんばってください。	Best wishes for your future.
よくがんばりましたね。	You can be proud of yourself for what you have done.
自分の夢に向かってがんばってください。	Keep trying so your dreams will come true.
ますますのご活躍を期待します。	I look forward to your further achievement.

社会人としてこれからもがんばってください。	I wish you good luck in your first job!

◉幸福・成功・健闘を祈る言葉

幸福を祈ります。	I wish you happiness.
成功を祈ります。	I wish you success.
幸運を祈ります。	I wish you good luck.
健康を祈ります。	I wish you good health.
すべてがうまくいきますように。	I wish you the best of everything.
仕事がうまくいきますように。	I wish you good luck in your work.
ますますのご発展を祈ります。	I wish you success and prosperity.

2 よい知らせを告げる・それに応える　Disk 1　33

Point

　Congratulations「おめでとう！」は、結婚・出産ならびに試験合格、卒業、就職、栄転など、達成度の高いことを成し遂げたときに使います。

◉よい知らせ全般

婚約しました。	I'm engaged.
結婚します。	I'm getting married.
子供が生まれます。	We're having a baby.
大学に合格しました。	I passed the college entrance exam.

基礎 6　お祝い・お悔やみの言葉

大学入学が決まりました。	I was accepted to college.
試験に合格しました。	I passed the exam.
息子/娘が大学に合格しました。	My son/daughter was accepted to college.
就職が決まりました。	I got a job.
企画が採用になりました。	My proposal was accepted.
昇進しました。	I got promoted.
新しい仕事が見つかりました。	I found a new job.
アメリカに留学することに決めました。	I've decided to study in the States.
恋人ができました。	I found a boyfriend/girlfriend.

◉よい知らせを聞いたら

おめでとう！	Congratulations!
すごい！	Great!
よかったね！	Good! / That's good!
よかったですね。	I'm happy to hear that. / That's nice.
すばらしい！	Wonderful! / Terrific! / Marvelous!
それはすごいです！	That's great!
最高ですね！	How wonderful!
私もとても嬉しいです！	I'm so happy for you.

感激ですね！	That's thrilling! / That's exciting!
やりましたね！	You did it!
ついにやりましたね！	You finally did it!
ついに夢が叶いましたね。	Your dream has finally come true.
できると信じていました。	I knew you could do it.
文句なしの結果ですね。	You deserve it!
ずっとがんばってきた甲斐がありましたね。	It was worth all your effort.

●祝いの言葉に応える

どうもありがとう。	Thank you very much.
ずっと支えてくれてありがとう。	Thank you for supporting me all this time.
応援をありがとう。	Thank you for cheering for me.
あなたのおかげです。	Thanks to you. / I owe it to you.
みんなのおかげです。	I owe it to everyone.
あなたのおかげでやり遂げることができました。	I made it because of you.
あなたの助けがなければここまで来られませんでした。	I couldn't have done it if it weren't for your help.
一人ではここまで来られませんでした。	I couldn't have done this by myself.

みんなの励ましがなかったらとっくにあきらめていました。	I would have given up a long time ago without the support of everybody.
これからも一生懸命がんばります。	I will keep trying my best.

③ 悲しい知らせを告げる・それに応える　Disk1 34

Point

"I'm sorry." は「お気の毒に」、「それは残念ですね」という意味で訃報や悲しい/悪い知らせを受けたときに一般的に使われる表現です。

●訃報

父が亡くなりました。	My father passed away.
祖母が心臓発作で亡くなりました。	My grandmother died of a heart attack.
友人が交通事故で亡くなりました。	My friend died in a car accident.

●お悔やみの言葉

お気の毒に。	I'm sorry. / I'm very sorry.
それはお気の毒です。	I'm sorry to hear that.
お悔やみ申し上げます。	You have my deepest sympathy. / Please accept my sympathy.
謹んで哀悼の意を表します。	You have my deepest condolences.

ご冥福を祈ります。	I pray that he/she will rest in peace.
お父さま/お母さまは寿命をまっとうされました。	Your father/mother lived a full life.
彼/彼女はこれからも心の中で生きています。	He/She lives forever in our hearts.

◎悲しい / 悪い知らせ・残念な結果

高校に落ちました。	I wasn't accepted to high school.
大学に落ちました。	I wasn't accepted to college.
入試に失敗しました。	I failed the entrance exam.
試験に落ちました。	I failed the exam.
恋人と別れました。	I broke up with my boyfriend/girlfriend.
離婚しました。	I got divorced.
不採用でした。	I didn't get the job.
企画は通りませんでした。	My proposal was rejected.
職を失いました。	I lost my job.
母が病気になりました。	My mother is ill.
交通事故に遭いました。	I got into an accident.
兄が入院しました。	My brother is in the hospital.

◉悲しい/悪い知らせ・残念な結果を聞いたら

残念でしたね。/お気の毒に。	I'm sorry.
それは残念ですね。/それはお気の毒に。	I'm sorry to hear that.
それは残念。	That's too bad.
運が悪かったですね。	That's bad luck!
あまり気を落とさないで。	Don't let it get you down.
まだチャンスはありますから。	You still have many chances.
まだやり直せますよ。	You can start over again.
早く治るといいですね。（病気やけがに対して）	Hope you get better soon.

※病気に関しては「体調を説明する」の《気遣いの言葉》の欄も参照してください。

基礎 ⑦ お礼を述べる・あやまる

1 基本的なお礼の言い方　Disk1 35

Point

"Thank you." は日常のいろいろな場面で使われます。例えば買い物をしてレジで商品を渡されたとき、レストランでコーヒーを注がれたときなど、「どうも」という意味でごく自然に使われます。

ありがとう。	Thanks.
どうもありがとう。	Thank you.
どうもありがとうございます。	Thank you very much. / Thank you so much.
本当にありがとうございます。	Thank you very much indeed.
心より感謝します。	I thank you from the bottom of my heart.
本当にありがとう！	Thanks a lot! / Many thanks to you!
重ね重ねありがとう。	Thanks once again.
感謝しています。	I'm very grateful. / I'm so grateful.
たいへん感謝しています。	I'm much obliged.

これで借りができました。	I owe you.
まぁ、やさしい！	How nice of you!
お気遣いありがとう。	That's really thoughtful of you.
お心遣いありがとう。	That's very kind of you.

2 相手がしてくれた行為に対してお礼を述べる　Disk1 36

基本パターン

Thank you for your kindness.	「親切にしてくれてありがとう」
Thank you very much for helping.	「手伝ってくれてどうもありがとう」
I appreciate your kindness.	「ご親切に感謝します」
I'm grateful to you for helping me.	「助けていただいてたいへん感謝しています」

Point

① kindness（親切）、support（支え）、friendship（友情）など、相手の気持ちに対してお礼を言いたいときは、"Thank you for your+好意（名詞）"のかたちを用います。

②「手伝ってくれてありがとう」のように、「～してくれてありがとう」と言うときは、動詞にingをつけて "Thank you for..." に続けます。

③ また、「たいへん感謝しています」を表すI'm grateful / I'm

obligedに関しては、Thank youよりも丁寧でかしこまった表現ですので、お世話になった方へのお礼状に使ってもいいでしょう。

◉行為全体 / 親切に対するお礼

いろいろとありがとう。	Thank you for everything.
何から何までやっていただいてありがとう。	Thank you for taking care of everything.
お世話になり、たいへん感謝しています。	Thank you for all you have done for me.
親切にしていただいて感謝します。	I appreciate your kindness.
ご協力に感謝します。	I appreciate your cooperation.
手伝ってくれてありがとう。助けてくれてありがとう。	Thank you for your help. / Thank you for helping me.
いい機会を与えてくれてありがとう。	Thank you for giving me such an opportunity.
あなたのご好意に厚くお礼申し上げます。	I'm very grateful to you for everything you have done for me.
たいへんお世話になりまして頭があがりません。	I'm much obliged to you for everything you have done for me.
あなたの優しさは忘れません。	I shall never forget your kindness.

◉誘い / 招待に対するお礼

今日は本当にありがとう。	Thanks a lot for today.

今夜はありがとう。	Thanks a lot for tonight.
先日はありがとう。	Thanks a lot for the other day.
連絡をどうもありがとう。	Thank you for calling me.
誘ってくれてありがとう。	Thank you for asking me out. / Thank you for taking me out.
今日は会ってくれてありがとう。	Thank you for seeing me today.
今日は来てくれてありがとう。	Thank you for coming today.
遠いところをわざわざ来てくれてありがとう。	Thank you for coming all the way.
おごってくれてありがとう。	Thank you for treating me.
夕食に連れて行ってくれてありがとう。	Thank you very much for taking me to dinner.
招待してくれてありがとう。	Thank you very much for inviting me.
すばらしいおもてなしをありがとう。	Thank you for your wonderful hospitality.
すばらしい料理（夕食）をありがとう。	Thank you for the gorgeous meal (dinner).

●誘い / 招待に対してお礼を言うときの関連表現

今日は楽しかったです。	I had a nice time today.
とっても楽しかったです！	I had a great time!
最高に楽しい時間を過ごせました。	I had a wonderful time.
来てよかったです。	I'm glad that I came.

映画がおもしろかったです。	I enjoyed the movie.
食事がとてもおいしかったです。	I enjoyed the meal very much.
私も楽しかったです。	I had a nice time, too.
私のほうこそ楽しい時間を過ごせました。	I had a lovely time, too.
また出かけましょう。	Let's go out again.
また遊びに来てください。	Please come again.
今度はうちに遊びに来てください。	Please come to my place next time.
この次は私にごちそうさせてください。	Let me treat you next time.
また連れて行ってください。	Please take me out again.

●仕事関係

仕事を片付けてくれてありがとう。	Thank you very much for finishing the work.
連絡をしておいてくれてありがとう。	Thank you for making that call for me.
ファックスを送ってくれてありがとう。	Thank you for sending the fax.
伝言を聞いておいてくれてありがとう。	Thank you for taking the message.
コピーをしてくれてありがとう。	Thank you for making the copies.
プリントアウトしてくれてありがとう。	Thank you for printing them out.
やり方を教えてくれてありがとう。	Thank you very much for teaching me how to do it.

操作の仕方を教えてくれてありがとう。	Thank you for teaching me how to use it.

◉アドバイス / 支え / 友情 / 愛情に感謝する

アドバイスをありがとう。	Thank you for your advice.
ためになるアドバイスをありがとう。	Thank you for your helpful advice.
いいレストランを教えてくれてありがとう。	Thank you for recommending a nice restaurant.
支えてくれてありがとう。	Thank you for your support. / Thank you for supporting me.
話を聞いてくれてありがとう。	Thank you for listening to me.
悩みを聞いてくれてありがとう。	Thank you for listening to my troubles.
時間をつくってくれてありがとう。	Thank you for making time for me.
よくしてくれてありがとう。	Thank you for being so kind to me.
いい友達でいてくれてありがとう。	Thank you for being my good friend.
親友でいてくれてありがとう。	Thank you very much for being my best friend.
友情に感謝します。	I appreciate your friendship.
愛情に感謝します。	I appreciate your love.

③ 電話や手紙に対するお礼を述べる　Disk1 37

電話をありがとう。	Thank you for your call. /Thank you for calling me.
先日はお電話をいただきましてありがとうございます。	Thank you very much for calling me the other day.
(10月30日付けの)ファックスをどうもありがとうございました。	Thank you very much for your fax (dated October 30th).
Eメールをありがとう。	Thank you for your e-mail.
お手紙をありがとう。	Thank you for your letter.
きれいな絵葉書をありがとう。	Thank you for the beautiful postcard.
すてきなカードをありがとう。	Thank you very much for the nice card.
お返事をありがとう。	Thank you for your reply.
すぐに手紙の返事をくれてありがとう。	Thank you for answering my letter right away.
さっそくのご返答をありがとうございます。	Thank you for your prompt reply.

④ 贈り物に対するお礼を述べる　Disk1 38

Point

　贈り物に関しては、nice（すてきな）、lovely（美しい）、cute（かわいい）などの形容詞を使うと、「すてきな贈り物をありがとう」という喜びの気持ちがいっそう伝わります。

誕生日プレゼントをありがとう。	Thank you for the nice birthday present.
すてきなクリスマスプレゼントをありがとう。	Thank you for the nice Christmas present.
すてきな贈り物をありがとう。	Thank you for the lovely gift.
高価な贈り物をありがとう。	Thank you for the generous gift.
かわいい小物をありがとう。	Thank you for the cute little gift.
心のこもった贈り物をありがとう。	Thank you for such a heart-warming gift.
すてきなお土産をありがとう。	Thank you for the nice souvenir.
お中元をありがとうございます。	Thank you very much for the nice summer gift.
お歳暮をありがとうございます。	Thank you very much for the winter gift.
卒業祝いをどうもありがとう。（祝い金なども含まれます）	Thank you very much for the generous graduation gift.
結婚祝いをありがとうございます。	Thank you very much for the lovely wedding gift.
出産祝いをありがとうございます。	Thank you for the nice present for the baby.

●贈り物をいただいたときの関連表現

プレゼント、たいへん気に入りました。	I like the present very much.

とても気に入りました。	I like it very much.
贈り物をいただけてとても嬉しかったです。	I was very happy to receive the present.
思いがけないプレゼントに感激しました。	I was delighted to receive such a nice gift I hadn't expected.
家族みんなも喜んでいます。	Everyone in the family liked the presents.
子供も大喜びです。	The kids were delighted to get the presents!
大切に使います。	I'll use it with loving care.
大事にします。	I'll treasure it.
最大限に活用します。	I'll make good use of it.
さっそく使わせていただきます。	I'll use it right away.
もうさっそく使っています。	I'm already using it.
さっそく部屋に飾りました。	I've already put it up in my room.
前から欲しいものでした。	I've wanted it from before.
いい記念になります。	I'll keep it as a remembrance.
いただいたお金は将来のために貯金します。	I'll save the money you gave me for the future.
いただいたお金は有効に使います。	I'll use the money wisely.

5 お礼に応える Disk1 39

どういたしまして。	You're welcome.
いいえ、どういたしまして。	You're most welcome.
こちらこそ。	It was my pleasure. / My pleasure.
いいえ、こちらこそ。	The pleasure was all mine.
気にしないで。	That's OK.
お礼なんていいですよ。	Don't mention it.
お礼を言われるほどのことではないですよ。	It was nothing.
全然、手間ではなかったから。	It was no trouble at all.
簡単に済みましたから。	It was a piece of cake.
いつでもどうぞ。	Anytime.
またいつでも言ってください。	Ask me anytime.
好きでやっているんですから。	I like doing it.
楽しんでやっているんですから。	I enjoy doing it.
楽しんでいただけて、なによりです。	I'm glad that you enjoyed it.
気に入っていただけて、なによりです。	I'm glad that you liked it.

6 基本的なお詫びの言葉 Disk1 40

Point

例えば街で人とちょっとぶつかったり、お店などで人の前

を通るときなどはSorryではなく、「失礼」という意味で、"Excuse me."を使います。"I'm sorry."と"I apologize."とではapologizeの方がフォーマルな印象を与えます。また、"I'm sorry."は「それは残念です」や訃報を聞いたときに「お気の毒に」などの意味でも使います。

ごめん。	Sorry.
ごめんなさい。	I'm sorry.
本当にごめんなさい。	I'm so sorry. / I'm very sorry.
誠にすみません。	I'm terribly/awfully sorry.
心から謝ります。	I'm truly sorry.
申し訳ありません。	I apologize.
謝らせてください。	Let me apologize.
許してください。	Forgive me.
そんなつもりではなかったんです。	I didn't mean to.
私が間違っていました。	It was wrong of me.
お詫びさせてください。	Please accept my apology.
お詫び申し上げます。	I owe you an apology.
心から謝ります。	I apologize from the bottom of my heart.
心からお詫び申し上げます。	I offer you my sincere apology.

基礎 7 お礼を述べる・あやまる

7 具体的な行為を詫びる Disk1 41

基本パターン

Sorry I'm late.	「遅れてごめんなさい」
Sorry for lying.	「うそをついてごめんなさい」
Sorry to disturb you.	「じゃまをしてごめんなさい」
Sorry about yesterday.	「昨日はごめんなさい」
I apologize for coming late.	「遅刻したことを謝ります」

Point

謝る場合、大きく分けて4つの表現パターンがあります。

① Sorryのあとにthatをつなげ、Iを使った文章をそのまま続ける言い方。この場合、thatは省略できます。

② "I'm sorry for…" "I apologize for…" という言い方。動詞にはingがつきます。

③ "Sorry to +動詞の原形" を用いた言い方。

④ "Sorry about/for +名詞" の言い方。

◉待ち合わせに遅れたことを謝る・その理由を説明する

遅れてごめんなさい。	Sorry I'm late. / Sorry for being late.
待たせてごめんなさい。	Sorry to have kept you waiting.
待ち合わせに行かないで本当にごめんなさい。	I'm terribly sorry that I didn't show up.

仕事があって。	I had some work to do.
仕事が長引いてしまって。	I couldn't finish the work.
会議を抜け出せなくて。	I couldn't leave the meeting.
残業になってしまって。	I had to work overtime.
電車に乗り遅れちゃって。	I missed the train.
道に迷っちゃって。	I got lost.
道がわからなくて。	I couldn't find the way.
道が混んでいて。	I was caught in traffic.
場所がわからなくて。	I couldn't find the place.
違う場所に行ってしまいました。	I went to the wrong place.
出がけに電話が入っちゃって。	I got a phone call just before I left.
連絡しましたが、もう出たあとだったみたいで。	I called you, but you had already left.
携帯がつながらなくて。	I couldn't get you on your cell phone.
留守電にメッセージを入れましたが、聞きましたか？	Did you get the message that I left on your answering machine?

◉連絡しなかったことを謝る・その理由を説明する

電話をしないでごめんなさい。	Sorry I didn't call. / Sorry for not calling you.
連絡できなくてごめんなさい。	Sorry I couldn't call.
ご連絡が遅れてすみません。	I'm very sorry I couldn't contact you sooner.

返事が遅れてすみません。	Sorry for the delay in my replying.
しばらく連絡しないでごめんなさい。	I'm sorry I didn't call you for a while.
毎日忙しかったので。	I've been busy everyday.
仕事がとても忙しくて。	I was so busy with work.
学校が忙しくて。	I was busy with school.
出張が多くて。	I often had to travel on business.
最近、体調が悪くて。	I haven't been feeling well lately.
夜、遅くに電話をしたら悪いと思って。	I didn't want to bother you late in the evening.
忙しいところをじゃましては迷惑だと思って。	I didn't want to bother you when you are busy.
何度か電話したのですが、留守だったので。	I called you several times but you weren't home.
アドレス帳をなくしてしまって。	I lost my address book.

●相手に迷惑をかけたことを詫びる

じゃましてごめんなさい。	Sorry to disturb you. / Sorry for disturbing.
(仕事などを)中断させてしまってごめんなさい。	I'm sorry to interrupt. / Sorry for interrupting.
約束を忘れてごめんなさい。	Sorry I forgot about it.
ミスしてしまってごめんなさい。	Sorry I made a mistake.
うっかり忘れてしまってごめんなさい。	Sorry it just slipped my mind.

ご面倒をかけてすみません。	I'm so sorry for the trouble. / Sorry for troubling you.
お手数をおかけして申し訳ありません。	I apologize for troubling you.
忙しいのに時間を取らせてすみません。	I apologize for bothering you when you are busy.
予約を忘れてごめんなさい。	Sorry I forgot the appointment.
書類をなくしてしまってごめんなさい。	Sorry I lost the papers. / Sorry for losing the papers.

●相手の気持ちを傷つけたことを謝る・その理由を説明する

傷つけてごめんなさい。	Sorry that I hurt you.
あなたの気を害してしまって本当にごめんなさい。	I deeply apologize for hurting your feelings.
言いすぎてしまってごめんなさい。	I'm sorry. I take back what I have said.
きついことを言ってごめんなさい。	I'm so sorry for saying such harsh things.
黙っていてごめんなさい。	Sorry for not telling you.
隠しごとをしてごめんなさい。	I apologize for not telling you.
嘘をついてごめんなさい。	Sorry for lying.
この間はすみませんでした。	Sorry about the other day.
この前言ったことをお詫びします。	I apologize for what I said the other day.
傷つけるつもりはなかったんです。	I didn't mean to hurt you.

ついカッとなってしまって。	I just lost my temper.
あんなこと言うつもりはなかったんです。	I didn't mean to say what I said.
心配をかけたくなかったので黙っていました。	I didn't tell you because I didn't want to make you worry.
頃合いを見計らって言うつもりでした。	I had meant to tell you when the time was right.

8 「ごめんなさい」と言われたら　Disk1 42

別にいいですよ。	That's OK. / It's OK.
気にしないで。	Don't worry. / Never mind.
わかりました。	All right.
気持ちはわかりました。	I accept your apology.
謝らなくてもいいですよ。	You don't have to say you're sorry. / You don't have to apologize.
別にいいです。気持ちはわかりますから。	It's OK. I understand.
許しますから、心配しないで。	I forgive you, so don't worry.
もう気にしていません。	It's not bothering me anymore.
そのことはもう忘れました。	I've already forgotten about it.
私も間違っていました。	I was wrong, too.

基礎 ⑧ 自分の日常について話す

1 一日の過ごし方をたずねる・答える Disk1 43

基本パターン

Q What do you do everyday? 「毎日何をしますか」

A I work everyday. 「毎日仕事をします」

Point

① 習慣的な行動を表現するときは、"人+動詞の現在形"で表現します。「彼・彼女」のときは、「3単現のs」を忘れないようにしましょう。

I/You/We/They work. 「仕事をします」
He/She works.

② 疑問文は以下のようになります。「彼・彼女」のとき、do→doesになることに注意しましょう。

What do you/we/they do everyday?「毎日、何をしますか」
　　　does he/she

③ 基本的な時間帯の言い方：

午前中：in the morning　　毎朝：every morning

午後：in the afternoon　　毎日午後：every afternoon

晩：in the evening　　毎晩：every evening

夜：at night　　毎夜：every night

④曜日の前にはonが付きます。

on Monday/Tuesday/Wednesday/Thursday/Friday/Saturday/Sunday

ただし、every Monday（毎週月曜日）のようにeveryが付くとき、onは必要ありません。

◉一日の行動パターンをたずねる

毎日たいてい何をしますか。	What do you usually do everyday?
毎日、どのような仕事をしていますか。	What kind of work do you do everyday?
午前中、何をして過ごしますか。	What do you do in the morning?
昼ごはんはだいたいどこで食べますか。	Where do you usually eat lunch?
午後、何をしますか。	What do you do in the afternoon?
夜、たいてい何をしますか。	What do you usually do in the evening?
金曜の夜はだいたい何をしますか。	What do you usually do on Friday night?
仕事のあと何をしますか。	What do you do after work?
学校のあと何をしますか。	What do you do after school?
寝る前、何をしますか。	What do you do before bed?

◉朝：家で

目覚めはいいです。	I wake up easily.
目覚めは悪いです。	I don't wake up easily.
起きてから顔を洗います。	I wake up and wash my face.
歯をみがいてから着替えます。	I brush my teeth and change my clothes.
朝食の前にシャワーをあびます。	I take a shower before breakfast.
私は毎朝、朝食を取ります。	I eat breakfast every morning. / I never skip breakfast.
毎日朝ごはんをしっかり食べます。	I eat a big/proper breakfast everyday.
簡単な朝ごはんを食べます。	I have a simple breakfast. / I have a light breakfast.
和食の朝ごはんを食べます。	I have a Japanese breakfast.
朝食はさっと済ませます。	I just have a quick breakfast.
朝はコーヒーだけで済ませます。	I just have a cup of coffee in the morning.
時間がないので朝食は抜かします。	I skip breakfast because I don't have time.
毎朝新聞を読みます。	I read the newspaper every morning.
朝食後、急いで仕事に行きます。	I rush to work after breakfast.

基礎 8 自分の日常について話す

◉通勤・通学

駅へは歩いて行きます。	I walk to the station.
駅へは自転車/バイクで行きます。	I ride the bicycle/motorbike to the station.
仕事へは電車で行きます。	I take a train to work.
仕事へはときどき車で行きます。	I sometimes drive to work.
学校へは電車とバスで行きます。	I take a train and a bus to school.
妻が駅まで車で送ってくれます。	My wife drives me to the station.
夫を車で駅まで送ります。	I drive my husband to the station.
通勤中に新聞を読みます。	I read the newspaper on my way to work.
車を運転しながらFMラジオ/CD/テープを聞きます。	I listen to the radio/CD/tape while I drive.

◉家事

朝食/昼食/夕食のしたくをします。	I prepare breakfast/lunch/dinner.
食事の後片付けをします。	I clear the table.
テーブルをふきます。	I wipe the table.
お皿を洗います。	I wash the dishes.
お皿をしまいます。	I put away the dishes.
ごみを出します。	I take out the garbage.
家の掃除をします。	I clean the house.

掃除機をかけます。	I vacuum the house.
洗面台を洗います。	I wash the sink.
トイレ掃除をします。	I clean the toilet.
洗濯をします。	I do the laundry.
洗濯物を乾燥機に入れます。	I put the clothes in the drier.
洗濯物を干します。	I hang the clothes.
洗濯物をたたみます。	I fold the clothes.
ふとんを干します。	I air the bedding.
植物に水をやります。	I water the plants.
外を掃きます。	I sweep outside.
庭掃除をします。	I clean the yard.
買い出しに行きます。	I go food shopping.
お風呂を沸かします。	I fill the tub.

◉職場で：日常業務

一日中、事務所で仕事をします。	I work all day at/in the office.
事務仕事をします。	I do paperwork. / I do general office work.
コピーをとります。	I make copies.
電話に出ます。	I answer the phone.
電話を入れます。	I make phone calls.
書類の整理をします。	I organize the papers.

基礎8 自分の日常について話す

資料をファイルします。	I file the documents.
資料をファックスします。	I fax the documents.
パソコンで書類を作成します。	I type up the papers on a PC.
コンピューターにデータを入力します。	I input the data in the computer.
店で接客します。	I work as a sales clerk at the shop.
得意先を回ります。	I call / visit on my customers and clients.
営業に出ます。	I do sales work. / I do promotional work.
打ち合わせをします。	I attend meetings.

◎職場で：雑用

仕事の前にみんなの机を拭きます。	I wipe everybody's desk before we start work.
みんなのコーヒーを入れます。	I make coffee for everybody.
湯のみを洗います。	I wash the coffee/tea cups.
ちょっとしたお使いに行きます。	I go out to buy things for the office.

◎学校で

毎朝ホームルームに出席します。	I attend homeroom every morning.
授業に出席します。	I attend classes.

毎日、講義に出席します。	I attend lectures everyday.
授業はサボりません。	I never cut classes.
ときどき授業をサボります。	I sometimes cut classes.
週8コマ授業があります。	I have 8 classes a week.
1日6教科勉強します。	I study 6 subjects a day.
クラスではよく発言をします。	I often participate in class.
クラスではあまり発言しません。	I hardly participate in class.
授業ではノートをたくさんとります。	I take a lot of notes in class.
毎学期、テストがあります。	I have a test every semester.
毎週、小テストがあります。	I have a quiz every week.
宿題を提出します。	I hand in my homework.
図書館で勉強します。	I study at the library.
放課後、クラブ活動があります。	I have club practice after school.

◎昼食

昼食は家で取ります。	I eat lunch at home.
昼食は会社で取ります。	I eat lunch at the office.
社員食堂で食べます。	I eat lunch at the company cafeteria.
昼ごはんは学校のカフェで食べます。	I eat lunch at the school cafeteria.
昼は会社の近くのレストランで食べます。	I eat lunch at a restaurant near the office.

昼はファーストフードショップで食べます。	I eat lunch at a fast food restaurant.
昼ごはんにはお弁当を持っていきます。	I take a lunch box to work / school.
昼ごはんはコンビニで買います。	I buy lunch at a convenience store.
昼ごはんは同僚と食べます。	I eat lunch with my colleagues.
昼食は一人で取ります。	I eat lunch alone.

◉銀行に行く・郵便局に行く

郵便をチェックします。	I check the mail.
銀行に行きます。	I go to the bank.
銀行で振り込みをします。	I go to the bank to pay the bills.
銀行で口座の残高を確認します。	I check my savings account at the bank.
自分の口座に入金します。	I deposit some money in my account.
自分の口座からお金を引き出します。	I withdraw some money from my account.
郵便局に行きます。	I go to the post office.

◉病院／歯医者に行く

病院に行きます。	I go to the hospital.
定期検診に行きます。	I go for a usual check-up.
歯医者に行きます。	I go to the dentist.

●休み・空き時間

休憩を取ります。	I take a break.
コーヒーブレイクを取ります。	I take a coffee break.
休憩中、おやつを食べます。	I eat snacks during my break.
目を閉じで頭を休めます。	I close my eyes and rest.
ちょっと昼寝をします。	I take a little nap.
近くを散歩します。	I go for a short walk.

●夜

たいてい残業します。	I usually work overtime.
夕食は外で済ませます。	I usually eat dinner out.
仕事のあと、飲みに行きます。	I go drinking after work.
同僚と外で夕飯を取ります。	I eat dinner out with my colleagues.
帰りは遅いです。	I come home late.
仕事が終わったらまっすぐ家へ帰ります。	I go straight home after work.
夕ごはんは家族と食べます。	I eat dinner with my family.
晩ご飯を食べながら家族とその日の話をします。	I talk to my family about my day over dinner.
テレビでスポーツ／ドラマ／バラエティー番組を見ます。	I watch sports/dramas/comedies on TV.
ビールを飲みながらのんびりします。	I drink beer and relax.

基礎 8 自分の日常について話す

夕食後、お風呂に入ります。	I take a bath after dinner.
ゆっくりとお風呂に入ります。	I take a long bath.
友達と長電話します。	I talk to my friends on the phone for hours.
寝る前に音楽を聴きます。	I listen to music before I go to bed.
寝る前に本を読みます。	I read before I go to bed.

② 休日 / 余暇の過ごし方をたずねる・答える　Disk1 44

基本パターン

Q What do you do on weekends?
「週末は何をして過ごしますか」

How do you spend your weekends?
「週末の過ごし方は？」

A I go shopping on weekends.
「週末は買い物に行きます」

Point

①休日/余暇を通常どう過ごすかをたずねるとき・答えるときも動詞の現在形を用います。曜日の前とweekend（週末）の前にはonが付きます。また、「いつも」、「ときどき」など、頻度を表す言葉を使って答えることも多いです。

I	always（いつも）	go shopping
You	usually（だいたい・たいてい・ふつうは）	go shopping
He	often（よく）	goes shopping.
She	sometimes（ときどき・たまに）	goes shopping
We	hardly/rarely（あまり・めったに）	go shopping.
They	never（ぜんぜん・まったく）	go shopping.

②hardly/neverは否定形です。

Do you go out on weekends?「週末は外出しますか」

No, I hardly/never go out.　「いいえ、めったに/
　　　　　　　　　　　　　　まったく外出しません」

◈週末 / 休みの日 / 余暇の過ごし方をたずねる

週末は何をしますか。	What do you do on weekends?
土曜日は何をしますか。	What do you do on Saturdays?
日曜日は何をしますか。	What do you do on Sundays?
自由な時間は何をしますか。	What do you do in your free time?
週末はどのように過ごしますか。	How do you spend your weekends?
休みの日はどのように過ごしますか。	How do you spend your day off?
夏休みはどのように過ごしますか。	How do you spend your summer vacation?
クリスマスはどのように過ごしますか。	How do you spend your Christmas?

基礎8　自分の日常について話す

お正月はどのように過ごしますか。	How do you spend your New Year's Holiday?

◎仕事をする/しない

週末はほとんど仕事をします。	I normally work on weekends.
たまに休日出勤をします。	I sometimes work on my day off.
週末はめったに仕事をしません。	I hardly work on weekends.
週末はまず仕事をしません。	I never work on weekends.

◎家にいる

週末はほとんど家にいます。	I usually stay home on the weekends.
たいていは家にいてのんびりします。	I normally stay home and take it easy.
ほとんど出かけないで家でごろごろしています。	I usually stay home and just lie around.
家族とくつろぎます。	I spend time with my family.
休みの日は子供との時間を持ちます。	I spend my day off with my children.
週末はいつも家で掃除をします。	I always stay home and clean the house.
家で一日中テレビを見ます。	I'm a couch potato all day.
週末はめったに出かけません。	I hardly go out on weekends.
祭日は混んでいるのでめったに出かけません。	I hardly go out on national holidays because it's crowded everywhere.
クリスマスは家でパーティーをします。	We have a Christmas party at home.

ジャンクフードは避けるようにしています。	I try to avoid junk food.
食べ過ぎないようにしています。	I try not to overeat.
お酒を飲み過ぎないように注意しています。	I try not to drink too much.
定期的に簡単な運動をするように心がけています。	I try to do simple exercises regularly.
毎日一時間ぐらい歩くようにしています。	I try to walk about an hour everyday.
毎日英語を勉強するように心がけています。	I try to study English everyday.
自分の時間を持つように心がけています。	I try to have my own free time.
自分の好きなことをやるようにしています。	I try to do the things I like.
働き過ぎないようにしています。	I try not to overwork.
マイペースで仕事をするよう心がけています。	I try to work at my own pace.
ストレスをできるだけためないようにしています。	I try to get rid of stress as much as possible.

4 行動の頻度を説明する

Disk 1 46

基本パターン

Q How often do you travel? 「どれぐらいひんぱんに旅行をしますか」

A I travel every month. 「毎月旅行をします」

Point

頻度をたずねるときの基本表現は"How often do you+動詞?"です。答えるときは、動詞の後に頻度を持ってきて説明します。

【頻度を表す言い方】

毎日	everyday	月に一度	once a month
一日おき	every other day	月に二度	twice a month
一日一度	once a day	月に三度	three times a month
三日に一度	once in three days	三ヶ月に一度	once in three months
毎週	every week	一ヶ月おき	every other month
週に一度	once a week	毎年	every year
週に二度	twice a week	年に一度	once a year
週に三度	thee times a week	年に二度	twice a year
毎月	every month	年に三度	three times a year

◉行動の頻度をたずねる

どれぐらいひんぱんに：

友達と会いますか。	How often do you see your friend?
ボーイフレンド／ガールフレンドと会いますか。	How often do you see your boyfriend/girlfriend?
英語を勉強しますか。	How often do you study English?
実家に帰りますか。	How often do you visit your parents?
スポーツをしますか。	How often do you play sports?

買い物に行きますか。	How often do you go shopping?
外食しますか。	How often do you eat at restaurants?

◉行動の頻度を説明する

友達には毎週会います。	I see my friend every week.
三日に一度、デートします。	I go on a date once in three days.
できるだけ毎日英語を勉強します。	I try to study English everyday.
半年に一度実家に帰ります。	I visit my parents once in six months.
週一度、テニスをします。	I play tennis about once a week.
買い物へは月に二度ほど行きます。	I go shopping about twice a month.
月に二、三度外食します。	I eat out about two or three times a month.

⑤ 一日のスケジュール　Disk1 47

基本パターン

Q **What time do you wake up?** 「何時に起きますか」

A **I wake up at six o'clock.** 「6時に起きます」

Point

①「何時に…をしますか」とたずねるときは、"What time do you+動詞?"を使います。

②「…時に…をします」は"I+動詞+at+時間"で説明します。

◉一日のスケジュールをたずねる

何時に起きますか。	What time do you wake up?
何時に朝食を取りますか。	What time do you eat breakfast?
毎朝何時に家を出ますか。	What time do you leave home?
何時に会社に着きますか。	What time do you arrive at your office?
何時に学校に着きますか。	What time do you arrive at school?
仕事は何時に始まりますか。	What time do you start work?
学校は何時からですか。	What time do you start school?
何時に昼食を取りますか。	What time do you eat lunch?
仕事は何時に終わりますか。	What time do you finish work?
何時に会社を出ますか。	What time do you leave work?
何時に家に帰りますか。	What time do you go home?
何時に夕食を取りますか。	What time do you eat dinner?
何時にお風呂に入りますか。	What time do you take a bath?
何時に寝ますか。	What time do you go to bed?

◉一日のスケジュールを説明する

6時半に起きます。	I wake up at six-thirty.
7時に朝食を取ります。	I eat breakfast at seven.
7時半に家を出ます。	I leave home at seven-thirty.

事務所には8時50分に着きます。	I arrive at the office at eight-fifty.
学校には8時に着きます。	I arrive at school at eight.
仕事は9時に始まります。	Work starts at nine.
学校は8時半に始まります。	School starts at eight-thirty.
昼ごはんは12時15分ごろ食べます。	I eat lunch about a quarter past twelve.
仕事は6時に終わります。	I finish work at six.
会社を6時15分ごろ出ます。	I leave the office around six-fifteen.
8時前に家に着きます。	I arrive home before eight.
夕ごはんは8時半ごろ食べます。	I eat dinner around eight-thirty.
10時ごろお風呂に入ります。	I take a bath around ten.
12時ごろ寝ます。	I go to bed around midnight.

基礎 8 自分の日常について話す

基礎 9　進行中の行動・状態を説明する

1 現在進行している行為 / 行動について

基本パターン

Q What are you doing now? 「あなたは今、何をしていますか」

A I am working. 「仕事をしています」(I am = I'm)

Point

① 「…している」、「…している最中」、「…しているところ」と言うときは現在進行形を使って、"人＋Be動詞＋動詞ing"で表現します。

  I'm studying.　　　　　「私は勉強しています」

  He/She is cleaning.　　「彼/彼女は掃除をしています」
         (He is = He's/She is = She's)

  We are working.　　　「私たちは仕事をしています」
         (We are = We're)

② 相手が今、何をしているのかを訊きたいときは、"What are you doing?" とたずねます。「彼/彼女」の場合は、"What is he/she doing?" になります。

③ 現在進行形は近未来の行動・予定を話すときにも用いられます（「未来・今後の予定について話す」の章を参照してください）。

  I'm having a party tomorrow. 「明日、パーティーをします」

2 今、相手が何をしているかをたずねる　Disk1 48

今、何をしていますか。	What are you doing now? / What are you doing right now?
今、何している？	What are you doing?
たけしくんは今、何をしていますか。	What is Takeshi doing now?
明子さんは今、何をしていますか。	What is Akiko doing now?
あなたたちは今、何をしていますか。	What are you all doing now?
みんなは今、何をしていますか。	What are they doing now?

3 今、自分がしていることを説明する　Disk1 49

◎家で：食事

朝ごはんを食べているところです。	I'm eating breakfast. / I'm having breakfast.
昼ごはんを食べているところです。	I'm eating lunch. / I'm having lunch.
晩ごはんを食べているところです。	I'm eating dinner. / I'm having dinner.
ちょうど夕食後のお茶を飲んでいるところです。	We're just having coffee after dinner.
一杯飲んでいるところです。	I'm having a drink.

※夫婦・家族で食事をしているときは We を使います。

基礎 9 進行中の行動・状態を説明する

◎家事

朝食/昼食/夕食のしたく中です。	I'm preparing/cooking breakfast/lunch/dinner.
食事の後片付けをしているところです。	I'm clearing the table.
家の掃除をしているところです。	I'm cleaning the house.
掃除機をかけているところです。	I'm vacuuming the house.
洗濯をしているところです。	I'm doing the laundry.
お風呂を沸かしているところです。	I'm filling the tub.

◎家での時間

くつろいでいるところです。	I'm just relaxing. / Just relaxing.
特に何もしていません。	I'm not doing anything in particular. / Nothing in particular.
休んでいます。	I'm resting.
テレビを見ています。	I'm watching TV.
NHKでおもしろい番組を見ています。	I'm watching an interesting program on NHK.
ビデオを見ているところです。	I'm watching a video.
おもしろい本を読んでいます。	I'm reading a book.
音楽を聴いています。	I'm listening to music.
電話中です。	I'm talking on the phone. / I'm on the phone.

お風呂に入っています。	I'm taking a bath. / I'm in a bath.
シャワーを浴びています。	I'm taking a shower. / I'm in the shower.
子供と遊んでいます。	I'm playing with my children.
お客さまがいらしているところです。	We're having some guests now.
友達が来ているところです。	I'm having my friends over. / My friends are here.

◎勉強中

勉強中です。	I'm studying.
試験勉強中です。	I'm studying for my test/exam.
受験勉強をしています。	I'm studying for the entrance exam.
宿題をやっています。	I'm doing my homework.
授業の作文を書いています。	I'm writing an essay for my class.
英語の単語を暗記しています。	I'm memorizing English words.

◎職場で

Point

①共同作業の場合の主語はweを使います。

②打ち合わせ中は"人+Be動詞+in a meeting."を使います。

③「他の電話に出ています」と言うときは"人+Be動詞+on another line."と表現します。

今、やっているところです。	We're working on it now.
検討中です。	We're going over it now.
調査中です。	We're looking into it.
確認中です。	We're checking it now.
予定を確認中です。	We're checking the schedule.
価格を確認中です。	We're checking the price.
スケジュール調整をしているところです。	We're arranging the schedule.
サトウ電気と交渉中です。	We're negotiating with Sato Electronics.
先方と話し合い中です。	We're discussing the matter with them.
今、打ち合わせ中です。	I'm in a meeting.
山田さんは今、大事な打ち合わせに入っています。	Mr. Yamada is in an important meeting now.
田中さんは他の電話に出ています。	Ms. Tanaka is on another line right now.
先方からの連絡を待っているところです。	We're waiting for their call.
相手からの返事を待っています。	We're waiting for their reply.
すべてが順調か確認しているところです。	We're making sure that everything is OK.
トラブルがないよう確かめているところです。	We're making sure that there is no trouble.

◉相手が今忙しいかどうかをたずねる

　ここでは進行形以外の表現で相手の今の状況をたずねる・答える言い方がまとめてあります。

今、忙しいですか。	Are you busy now? ※ Be動詞の質問なので、「はい、忙しいです」"Yes, I am."/「いいえ、忙しくありません」"No, I'm not."で答えます。
今、時間はありますか。	Do you have time now? ※ "Do you...?"の質問なので「はい、あります」"Yes, I do."/「いいえ、今、手がふさがっています」"No, I don't."で答えます。
今、話ができますか。	Can I talk to you now? ※ "Can I...?"の質問なので「はい、大丈夫です」"Yes, you can."/「いいえ、今ちょっと都合が悪いです」"No, you can't."で答えます。
→ 今、あいています。	I'm free now.
→ ちょっと忙しいです。	I'm a little busy.
→ ちょっと取り込み中です。	I'm kind of busy now.
→ 悪いけれど、今ちょっと手が離せません。	Sorry, but I'm tied up at the moment.
→ 悪いけれど、ちょっと待ってもらえますか。	Sorry, but could you wait a little?
→ 悪いけれど、あとにしてもらえますか。	I'm sorry, but can you make it later?

基礎9　進行中の行動・状態を説明する

④ 作業のはかどり具合をたずねる・答える　Disk1 50

基本パターン

Q How is it going?　　「どう？　うまくいっていますか？」

A It's going well.　　「はい、うまくいっています」

Point

①作業の進行状況を説明するときも進行形を使います。物事の進み具合をたずねるときは "How is/are + 名詞 + going?" を使います。

②相手の作業がはかどっているかどうかを訊きたいときは "How are you doing with + 名詞?" とたずねます。

③「うまくいっています」の基本表現は "It is going well." です。

◎進行状況をたずねる

進んでいますか。	How is it going?
うまくいっていますか。	How are you doing?
仕事は順調ですか。	How is your work going?
仕事ははかどっていますか。	How are you doing with your work?
勉強は進んでいますか。	How are you doing with your studies?
すべてうまくいっていますか。	How is everything going?
企画は進んでいますか。	How is the project coming along?
交渉は進んでいますか。	How is the negotiation going?

予定通りに進んでいますか。	Is it going as planned?
→ はい、すべては予定通りです。	Yes, it is. Everything is going as planned.
→ いいえ、予定通りではありません。	No, it isn't.
→ いいえ、少し遅れています。	No, we're a little behind.
→ いいえ、かなり遅れています。	No, we're way behind.

●進行状況を答える

順調です。	It's going well.
思ったよりはかどっています。	It's going better than I expected.
思ったより早く進んでいます。	It's going faster than I expected.
マイペースでやっています。	I'm working at my own pace.
ベストをつくしています。	I'm trying my best.
できるだけ早くやっています。	I'm working as fast as I can.
スラスラいっています。	It's going smoothly.
てこずっています。	I'm having a difficult time.
苦戦しています。	I'm struggling through.
なかなか進みません。	It's taking a lot of time.
思ったより時間がかかっています。	It's taking more time than I expected.

基礎 9 進行中の行動・状態を説明する

5 現在の自分の職業や状況を説明する Disk1 51

Point

①話している最中・瞬間ではなくても、ある種の行動が話をしている時期に重なって進行しているときにも進行形は使われます。

 I'm studying English in college. 「私は(現在)大学で英語を勉強しています」

②進行形の "I'm working for Sato Electronics." も、動詞の現在形の "I work for Sato Electronics." も、どちらも「勤めている」ということを表します。現在形はその行動・行為が「定着した習慣」であることを表すのに対し、進行形は「今現在、それが行われている」ということを強調します。

勤めています。	I'm working.
広告会社に勤めています。	I'm working for an advertising company.
デパートで働いています。	I'm working at a department store.
写真の専門学校に通っています。	I'm going to photography school.
予備校に通っています。	I'm going to a preparatory school for college.
浪人中です。	I'm preparing for my college entrance exam.

大学で英文学を専攻しています。	I'm majoring in English literature in college.
就職活動中です。	I'm looking for a job. / I'm job hunting.
家事手伝いです。	I stay home and do housework.
通訳になるために勉強中です。	I'm studying to become an interpreter.
(介護の)資格を取るために勉強中です。	I'm studying for the qualifying test (to be a medical aide).
(公務員になるための)国家試験に向けて勉強中です。	I'm studying for the National Exam (to become a government official).
留学するために今、お金を貯めています。	I'm saving money to go and study abroad.
アルバイトをしながらフラワーアレンジメントの勉強をしています。	I'm working part-time and studying flower arrangement.

基礎9 進行中の行動・状態を説明する

6 今やっていること / 習いごとなどについて話す Disk1 52

[基本パターン]

I'm taking English lessons.

「私は英語のレッスンを受けています」

I'm studying English conversation.

「私は英会話を勉強しています」

I'm learning how to speak English.

「英語の話し方を勉強しているところです」

Point

① 「…のレッスンを受けている」の基本表現は "I'm taking + 名詞 + lessons." です。

② 「…を習っている・勉強している」は "I'm learning/studying + 名詞" になります。
learn は「(技術や知識を)習得する」という意味合いを持ち、study は「学ぶ・学習する」ことを表します。

③ 「…のやり方を習っている・勉強している・覚えている」は "I'm learning how to + 動詞の原形" です。

◆習いごと

英語のプライベートレッスンを受けています。	I'm taking private English lessons.
英語のグループレッスンを受けています。	I'm taking group lessons in English.
イタリア語を独学で学んでいます。	I'm studying Italian on my own.
英語の文法を集中的に勉強しています。	I'm studying English grammar intensively.
友達とテニスのレッスンを受けています。	I'm taking tennis lessons with my friends.
近くのスポーツクラブで水泳のレッスンを受けています。	I'm taking swimming lessons at a nearby sports club.
歌/ダンスのレッスンを受けています。	I'm taking singing/dance lessons.

ピアノ/ギターのレッスンを受けています。	I'm taking piano/guitar lessons.
カルチャーセンターで絵の講座を取っています。	I'm taking a painting course at a culture center.
料理教室に通っています。	I'm going to a cooking class.
教習所に通っています。	I'm going to a driving school.
私は通信講座を受けています。	I'm taking a correspondence course.
コンピューターの使い方を勉強しているところです。	I'm learning how to use a PC.

基礎 9 進行中の行動・状態を説明する

基礎 ⑩ 未来・今後の予定について話す

基本パターン

Q What are you going to do tomorrow?

「明日、何をしますか」

A I'm going to meet my friend.　「友達に会います」

Point

①未来の予定について話すときは"I'm going to+動詞の原形"を使って表現します。このとき、「…に行く・出かける」を表すgoという動詞に限っては、省略することもできます。

「銀座に行きます」　　　　　I'm going to go to Ginza.
　　　　　　　　　　　　　＝I'm going to Ginza.

②また現在進行形の"人+Be動詞+動詞ing"を使って今後の予定を説明することもできます。これは比較的近い未来にその行動が行われるというニュアンスがあります。

「今晩、友達と夕飯を食べます」
　→　I'm having dinner with my friend this evening.
　　　I'm going to have dinner with my friend this evening.
　　　（両方可）

③「…と一緒に行く」という場合は、「with+一緒に行く人」を文末に持ってくるか、「一緒に行く人+自分」を文頭に持ってきて表現します。

「友達と買い物に行きます」
→ I'm going shopping with my friend.
My friend and I are going shopping.
(両方可：二つ目の文章は複数人数になるのでBe動詞はareになります)

1 予定をたずねる Disk2 01

今週末、何をしますか。	What are you going to do this weekend?
今晩、何をしますか。	What are you doing tonight?
今度の休みには何をしますか。	What are you going to do on your next day off?
今度の土曜日、何をしますか。	What are you going to do this coming Saturday?
今度の休暇の予定は？	What's your plan for the next holiday vacation?
今年の夏、何をしますか。	What are you doing this summer?
冬休みは何をしますか。	What are you going to do during the winter break?
3連休の予定はありますか。	Do you have any plans for the three-day weekend? ※"Yes, I do."/"No, I don't." で答えます。
クリスマスはどのように過ごしますか。	How are you going to spend your Christmas?
お正月はどのように過ごしますか。	How are you going to spend the New Year?

基礎 10 未来・今後の予定について話す

誰と行きますか。	Who are you going with?
どこへ行きますか。	Where are you going?

2 予定を説明する　Disk2 02

「横浜に行く」など、目的地を示すときはgoの後にtoを付けますが、「買い物に行く」、「泳ぎに行く」のように行為を示すときtoは必要ありません。going to shopping/swimming とは言わないように。

◉家にいます

家にいます。	I'm going to stay home.
家でのんびりします。	I'm going to stay home and relax.
家で休みます。	I'm going to stay home and rest.
一日中、寝ます。	I'm going to sleep all day.
テレビを見ます。	I'm going to watch TV.
家の掃除をします。	I'm going to clean the house.
部屋の模様替えをします。	I'm going to redecorate my room.
庭の手入れをします。	I'm going to work in the garden.
少し読書をします。	I'm going to do some reading.
ビデオをレンタルします。	I'm going to rent a video.
用事を片付けます。	I'm going to run errands.
友達が来ます。	I'm having some guests over.

※夫婦や家族が人を招くときは We を使うことが多いです。

◉仕事をします

事務所で仕事をします。	I'm working in my office.
家で仕事をします。	I'm going to work at home.
やり残した仕事を片付けます。	I'm going to finish up my work.
土曜日は出社します。	I'm going to work on Saturday.
同僚と一緒に仕事をします。	I'm working with my co-worker.
事務仕事を片付けます。	I'm going to finish some paperwork.
出張で大阪に行きます。	I'm going on a business trip to Osaka.

◉学校に行きます・勉強をします・課外活動

学校に行きます。	I'm going to school.
図書館で勉強します。	I'm going to study in the library.
学校の夏期講習に参加します。	I'm going to summer school.
塾に行きます。	I'm going to cram school.
塾の夏期集中講習を受けます。	I'm taking the intensive summer course at cram school.
部活動があります。野球/バスケットの練習があります。	I'm having club practice. / I have baseball/basketball practice.

※英語では具体的に何の練習があるかを言ったほうが自然です。

八ヶ岳で野球/バスケットの合宿があります。	We're going to Yatsugatake for baseball/basketball camp.

※「合宿」の場合も具体的な活動内容と目的地を言いましょう。

基礎10 未来・今後の予定について話す

運動会があります。	We're having a sports festival.
文化祭があります。	We're having a cultural festival.
学園祭があります。	We're having a school festival.
体育祭があります。	We're having a sports event at school.

◉ちょっとした外出

出かけます。	I'm going out.
少しの間、家を留守にします。	I'm going out for a while.
スーパーに食料の買い出しに行きます。	I'm going food shopping at the supermarket.
近くを散歩します。	I'm going for a walk in the neighborhood.
歯医者に行きます。	I'm going to the dentist.
美容院に行きます。	I'm going to the beauty shop.
パーマをかけます。	I'm going to get a perm.
カットをします。	I'm going to have a hair cut.
髪を染めます。	I'm going to dye my hair.

◉街に出ます・買い物をします

原宿に行きます。	I'm going to Harajuku.
買い物に行きます。	I'm going shopping.

銀座に一人で買い物に行きます。	I'm going shopping in Ginza by myself.
友達と一緒にランドマークプラザに行きます。	I'm going to Landmark Plaza with my friend.
横浜のデパートに行きます。	I'm going to a department store in Yokohama.
新しい服/バック/靴を買いに行きます。	I'm going to buy a new suit/handbag/pair of shoes.
セールがあるので出かけます。	I'm going shopping because they're having a sale.
夏物/秋物/冬物/春物を見に行きます。	I'm going to look at summer/autumn/winter/spring clothes.
新しいアウトレットモールをチェックしに行きます。	I'm going to check out the new outlet mall.
ディスカウントストアにパソコンを見に行きます。	I'm going to a discount shop to look for a PC.
本屋を見て回ります。	I'm going to browse around the bookstore.
CDショップに行きます。	I'm going to the CD shop.

◈ 食事をします

友達とおいしいものを食べに行きます。	I'm going out to have a nice meal with my friend.
恋人と食事に行きます。	I'm going to have lunch/dinner with my boyfriend/girlfriend.

友達と新しいイタリアンレストランに行きます。	I'm going to a new Italian restaurant with my friend.
ステーキ/しゃぶしゃぶ/すきやきのコースを食べに行きます。	I'm going to have a steak/shabushabu/sukiyaki dinner.
フランス料理のフルコースを食べに行きます。	I'm going to have a nice, full-course French meal.
友達とお茶を飲みに行きます。	I'm going to have a cup of coffee/tea with my friend.
親しい友達と飲みに行きます。	I'm going drinking with close friends of mine.

◉行楽地・アウトドア

遊園地に行きます。	I'm going to an amusement/theme park.
恋人とディズニーランドに行きます。	I'm going to Disneyland with my boyfriend/girlfriend.
ドライブに行きます。	I'm going for a drive.
子供と一緒にピクニックに行きます。	I'm going on a picnic with my children.
子供とハイキングに行きます。	I'm going hiking with my children.
山登りに行きます。	I'm going mountain-climbing.
キャンプに行きます。	I'm going camping.

◉映画鑑賞・スポーツなど

友達と映画を見に行きます。	I'm going to the movies with my friend.

トム・クルーズの新作を見に行きます。	I'm going to see the new Tom Cruise movie.
テニス／ゴルフをしに行きます。	I'm going to play tennis/golf.
海／プールに泳ぎに行きます。	I'm going swimming at the beach/pool.
友達とサッカーの試合を見に行きます。	I'm going to see a soccer match with my friend.
友達とコンサートに行きます。	I'm going to a concert with my friend.
美術館／展覧会に行きます。	I'm going to a museum/an exhibition.
友達数人とカラオケに行きます。	I'm going to karaoke with my friends.
図書館に本を借りに行きます。	I'm going to the library to borrow some books.

◉人に会います

友達に会います。	I'm meeting my friend. / My friend and I are going to get together.
デートをします。	I'm going on a date.
六本木で友人に会います。	I'm going to see my friend in Roppongi.
高校／大学時代の友人に会います。	I'm meeting an old friend from high school/college.
以前の職場で一緒に働いていた人と会います。	I'm meeting a friend from my former workplace.

ボーイフレンド/ガールフレンドに会います。	I'm seeing my boyfriend/girlfriend.
両親を訪ねます。	I'm going to visit my parents.
親戚を訪ねます。	I'm going to visit my relatives.
義理の両親を訪ねます。	I'm visiting my in-laws.
息子/娘のところに遊びに行きます。	I'm going to visit my son/daughter.
鎌倉にいる友達の家に遊びに行きます。	I'm going to my friend's house in Kamakura.

◈季節の行事

偕楽園に梅を見に行きます。	I'm going to Kairakuen to see the plum blossoms.
花見に行きます。	I'm going flower-viewing.
上野公園に桜を見に行きます。	I'm going to Ueno Park to see the cherry blossoms.
明月院にあじさいを見に行きます。	I'm going to Meigetsuin to see the hydrangea.
七夕祭りに行きます。	I'm going to the Star (Tanabata) Festival.
地元の夏祭りに行きます。	I'm going to the local summer festival.
花火大会に行きます。	I'm going to see the fireworks.
箱根に紅葉を見に行きます。	I'm going to Hakone to see the autumn leaves.

神社に初もうでに行きます。 I'm going to visit a shrine to pray for happiness and good health throughout the year.

初日の出を見に行きます。 I'm going to see the first sunrise of the year.

◉旅行をします

旅行をします。 I'm going on a trip.

箱根に旅行をします。 I'm taking a trip to Hakone.

長野の温泉に行きます。 I'm going to the hot springs in Nagano.

温泉に行っておいしいものを食べます。 I'm going to the hot springs and eat delicious food.

社員旅行でシンガポールに行きます。 We're going on a company trip to Singapore.

家族と伊豆に一泊旅行をします。 I'm going on an over-night trip to Izu with my family.

海外旅行をします。 I'm traveling abroad.

ツアーでイギリスに行きます。 I'm going to England on a tour.

ハワイにいる妹に会いに行きます。 I'm going to Hawaii to visit my sister.

友達と数人でオーストラリアに卒業旅行をします。 I'm going on a graduation trip to Australia with a group of friends.

ハワイに家族旅行をします。 We're taking a family trip to Hawaii.

③ 予定を述べる：「…すると思う」、「…するかもしれない」、「おそらく…するだろう」

Disk2 03

基本パターン

Q What will you do tomorrow?「明日、何をしますか」

A I will go to the movies.　「映画に行きます」
　 will probably　　　　　　「映画に行くことになると思います」
　 may　　　　　　　　　　　「たぶん映画に行くと思います」
　 might　　　　　　　　　　「映画に行くかもしれません」
　 probably will not (won't)　「たぶん映画に行きません」
　 will not (won't)　　　　　 「映画には行きません」

Point

① "I will (= I'll) + 動詞" も "I'm going to + 動詞" 同様、未来について話すときに使われます。

② will は「…しようと思っている」、「…はするつもりはない」などを表現する場合、"I think .../I don't think ..." とよくセットで使われます。

　I think I'll go to the movies tomorrow.

　I don't think I'll see a comedy film.

　「明日、映画に行こうと思っています。コメディー映画は見ないと思います」

③ probably, may, might は、まだ確かではない未来の可能性を示唆するときに使います。"Maybe I'll + 動詞" も「…するかもしれない」ということを表します。

④「暇だったら出かけます」のように、未来のことを仮定する場合は、if…で文章をつなげます。

◉仕事をすると思います

仕事をします。	I'll work.
たぶん仕事をします。	Maybe I'll work.
元気があれば仕事をします。	I'll work if I have the energy.
仕事が山ほどあるので会社に行くと思います。	I'll probably go to the office because I have tons of work to finish.
週末は仕事で忙しくなると思います。	I may be busy with work all weekend.
京都に出張するかもしれません。	I might go to Kyoto on business.

◉外出すると思います

出かけると思います。	I think I'll go out.
出かけるかもしれません。	I might go out.
暇だったら出かけます。	I'll go out if I'm free.
気が向いたら出かけます。	I'll go out if I feel like it.
疲れていなければ出かけます。	I'll go out if I'm not tired.
天気が良ければ外出します。	I'll go out if the weather is good.
セールをやっているので買い物に行くかもしれません。	I'll probably go shopping because they're having a sale.

運動が必要なので散歩をすると思います。	I may go walking because I need some exercise.

● 人と出かけます

仕事がなければ友達と出かけます。	I'll probably go out with my friends if I don't have work.
時間があれば友達と会うかもしれません。	I might get together with my friends if I have time.
予定が合えば友達と出かけると思います。	I think I'll meet my friend if it's OK with my friend.
しばらく会っていないので、両親に会いにいくつもりです。	I may see my parents because I haven't seen them for a while.
息子/娘がどうしているか様子を見に行くと思います。	I may visit my son/daughter to see how he/she is doing.
仕事が早く終わったら職場の人と飲みに行きます。	I'll go drinking with my colleagues if we finish work early.

● 旅行をすると思います

週末は温泉に行くことになると思います。	I'll probably go to a hot springs over the weekend.
気分転換に近場に旅行をすると思います。	I think I'll take a short trip somewhere nearby to refresh myself.
飛行機代が安ければヨーロッパに行くかもしれません。	I might go to Europe if the airfare is cheap.
時間とお金があれば海外旅行をするかもしれません。	I might travel abroad if I have enough time and money.

お金がたまったらアメリカに行きます。	I'll go to America after I save enough money.

●家にいると思います

おそらく家にいます。	I'll probably stay home.
疲れているので出かけません。	I won't go out because I'm tired.
休養を取りたいので家にいると思います。	I think I'll stay home because I want to rest.
出かける気分ではないので家にいると思います。	I'll probably stay home because I don't feel like going out.
おそらく家にいて掃除をします。	I'll probably stay home and clean the house.
たぶん遅くまで寝ていると思います。	I'll probably sleep in.
友達が遊びに来るかもしれません。	My friends might come over to my house.

4 特に予定が決まっていないときの答え方　Disk2 04

まだ予定が決まっていないときは以下のフレーズを使いましょう。"It depends on..." は「…によります」という意味です。

まだはっきりしていません。	I'm not sure yet.
まだわかりません。	I don't know yet.
まだ決めていません。	I haven't decided yet.
後で/明日決めます。	I'll decide later/tomorrow.
仕事の状態によります。	It depends on work.

友達の都合によります。	It depends on my friend.
ボーイフレンド／ガールフレンドの都合によります。	It depends on my boyfriend's/girlfriend's schedule.
気分次第です。	It depends on how I feel.
体調次第です。	It depends on my condition.
値段次第です。	It depends on the price.
渋滞次第です。	It depends on the traffic.
天気次第です。	It depends on the weather.

5 予定に関する単純な問いかけと答え　Disk 2　05

基本パターン

Q **Are you going out on Sunday?**
「日曜日に外出しますか」

Will you go out on Sunday?
「日曜日に外出しますか」

Do you think you will go out on Sunday
「日曜日に外出すると思いますか」

A **I will.** 「はい、出かけます」
Maybe. 「たぶん」
I don't know. 「わかりません」
I don't think so. 「出かけないと思います」

●未来のことに対する単純な問いかけ

今晩、出かけますか。	Are you going out this evening?
明日の夜は出かけますか。	Will you go out tomorrow night?
金曜の夜は出かけますか。	Do you think you'll go out Friday night?
土曜日は暇ですか。	Will you be free Saturday?
日曜日は家にいますか。	Will you be home on Sunday?
今週末、ボーイフレンド/ガールフレンドに会いますか。	Are you going to see your boyfriend/girlfriend this weekend?
今週末、仕事をしますか。	Are you going to work this weekend?
今年の夏、どこかに行きますか。	Are you going somewhere this summer?

●簡単な答え方

「…をするか、しないか」という単純な問いかけに対しては、以下のフレーズを使って、簡単に答えることができます。

はい、そうします。	Yes, I will.
そうすると思います。	I think so.
きっとそうすると思います。	I probably will.
きっとそうします。	Probably.
おそらくそうするでしょう。	Perhaps I will.
たぶんそうします。	I may.
たぶん。	Maybe.

そうするかもしれません。	I might.
そうしないと思います。	Probably not.
そうするつもりはありません。	I don't think so.
たぶんそうしません。	I probably won't.
いいえ、そうしません。	No, I won't.
わかりません。	I don't know.
そうだといいのですが。	I hope so.
そうせずに済めばいいのですが。	I hope not.

6 結婚／引っ越し／進路などについての予定を報告する

"I'm + 動詞ing" または "I'm going to + 動詞の原形" を使って、結婚や進路を表現することもできます。

Disk2 06

◉婚約・結婚・出産・離婚・再婚

婚約します。	I'm getting engaged.
今度の4月に結婚します。	I'm getting married next April.
子供が生まれます。	I'm having a baby.
予定日は6月です。	I'm expecting a baby in June.
付き合っている人と別れます。	I'm going to break up with my boyfriend/girlfriend.
婚約を破棄します。	I'm canceling my engagement.
結婚をやめます。	I'm calling off my marriage.
離婚します。	I'm getting a divorce.

再婚します。	I'm getting married for the second time.

◉引っ越す・新居を構える・別荘を買う

新しい家/アパート/マンションに引っ越します。	I'm moving into a new house/apartment/condominium.
アメリカに引っ越します。	I'm going to move to America.
実家に戻ります。	I'm moving back to my parents' house.
新しい家を買います。	We're buying a new house.
家を建てます。	We're building a house.
家を改築します。	We're remodeling the house.
軽井沢に別荘を買います。	We're buying a summer house in Karuizawa.
ハワイにコンドミニアムを買います。	We're buying a condominium in Hawaii.

◉進路

高校を卒業したら大学に進みます。	I'm going to college after I graduate from high school.
高校を出たら専門学校に通います。	I'm going to a vocational school after high school.
高校を卒業したら就職します。	I'm going to work after I graduate from high school.
大学では英文学を専攻します。	I'm going to major in English literature in college.

大学を卒業したら大学院に進みます。	I'm going to graduate school after college.
大学を辞めます。	I'm quitting college.
大学を休学します。	I'm going take a temporary leave from college.
大学を卒業したら職を見つけます。	I'm going to get a job after college.
留学します。	I'm going to study abroad.
イギリスにガーデニングを勉強しに行きます。	I'm going to England to study gardening.

◉仕事

仕事を見つけます。	I'm getting a job.
昇進します。	I'm getting promoted.
給料が上がります。	I'm getting a raise.
違う部署に配属されることになりました。	I'm getting transferred to a different section.
支店に異動することになりました。	I'm getting transferred to a branch office.
職を変えます。	I'm changing jobs.
新しい仕事を見つけます。	I'm getting a new job.
条件が悪いので今の仕事を辞めます。	I'm quitting my job because the working conditions are bad.

| 勤務時間が合わないのでこの仕事を辞めます。 | I'm going to quit my job because the working hours don't suit my schedule. |

【現在・未来の日にちの言い方】

今日	today
明日	tomorrow
あさって	the day after tomorrow
しあさって	in two days
3日後	in three days
来週	next week
再来週	the week after next
3週間後	in three weeks
来月	next month
再来月	the month after next
3ヶ月後	in three months
来年	next year
再来年	the year after next
3年後	in three years

基礎10 未来・今後の予定について話す

基礎 ⑪ 過去の出来事を説明する

基本パターン

Q What did you do yesterday? 「昨日、何をしましたか」

A I worked. 「仕事をしました」

Point

①過去について話すときは動詞の過去形を使います。活用には以下の種類があります。

動詞の後ろに-dを加える：	lived; liked; hoped; danced
動詞の後ろに-edを加える：	worked; played; watched; listened; cleaned; washed
yを-iedに変える：	studied; tried
子音を二つ重ねるもの：	stopped; skipped

②また、活用が不規則な動詞もありますので、覚えて使いましょう。

be - was	do - did
begin - began	drink - drank
buy - bought	drive - drove
come - came	eat - ate

get - got	pay - paid
give - gave	say - said
go - went	sleep - slept
have - had	speak - spoke
hear - heard	take - took
know - knew	tell - told
make - made	think - thought
meet - met	write - wrote

③相手に「何をしましたか」とたずねるときは "What did you do...?" を使います。また、「どのように過ごしたか」を訊くときは "How did you spend...?" を使います。

④疑問文のときは、動詞を原形に戻すことを忘れないようにしましょう。また、このセクションの質問と答えは「未来・今後の予定について話す」の章とほとんど同じフレーズを使用しています。両方を比べながら、動詞の過去形を学びましょう。

1 どのように過ごしたかをたずねる　Disk2 07

先週末、何をしましたか。	What did you do last weekend?
昨晩、何をしましたか。	What did you do last night?
休みの日は何をしましたか。	What did you do on your day off?

基礎11　過去の出来事を説明する

この前の土曜日、何をしましたか。	What did you do last Saturday?
この前の休暇は何をしましたか。	What did you do during your last holiday vacation?
今年の夏、何をしましたか。	What did you do this summer?
冬休みに何をしましたか。	What did you do during the winter break?
3連休はどのようにして過ごしましたか。	How did you spend the three-day weekend?
クリスマスはどのように過ごしましたか。	How did you spend your Christmas?
お正月はどのように過ごしましたか。	How did you spend the New Year's?
誰と行きましたか。	Who did you go with?
どこに行きましたか。	Where did you go?

② 何をしたかを説明する Disk2 08

●家にいました

家にいました。	I stayed home. / I stayed at home.
家でのんびりしました。	I stayed home and relaxed.
昼間まで寝ていました。	I slept until noon.
一日中ひたすら寝ていました。	I just slept all day.

ただのんびりとテレビを見ました。	I just watched TV all day.
家の掃除をしました。	I cleaned the house.
部屋の模様替えをしました。	I redecorated my room.
庭の手入れをしました。	I worked in the garden.
少し読書をしました。	I did some reading.
ビデオをレンタルして見ました。	I rented a video and watched it.
用事を片付けました。	I ran errands.
友人が来ました。	I had some friends over.

※夫婦や家族が人を招くときはWeを使うことが多いです。

◉仕事をしました

仕事をしました。	I worked.
家で仕事をしました。	I worked at home.
やり残した仕事を片付けました。	I finished up my work.
土曜日は出社しました。	I went to work on Saturday.
同僚と一緒に仕事をしました。	I worked with my co-worker.
事務仕事を片付けました。	I finished some paperwork.
大阪に出張しました。	I took a business trip to Osaka. / I went to Osaka on business.

◉学校・勉強・課外活動

学校に行きました。	I went to school.
図書館で勉強しました。	I studied in the library.

基礎 11 過去の出来事を説明する

学校の夏期講習に参加しました。	I went to summer school.
塾に行きました。	I went to cram school.
塾の夏期集中講習を受けました。	I took the intensive summer course at cram school.
部活動がありました。野球/バスケットの練習がありました。	I had club practice. / I had baseball / basketball practice. ※部活動の場合、何の練習なのか、具体的に言いましょう。
八ヶ岳で野球/バスケットの合宿がありました。	We went to Yatsugatake for baseball/basketball camp. ※「合宿」の場合も部活動と同様に、具体的な活動内容と目的地を言いましょう。
運動会がありました。	We had a sports festival.
文化祭がありました。	We had a cultural festival at school.
学園祭がありました。	We had a school festival.
体育祭がありました。	We had a sports event at school.

◉ちょっとした外出

出かけました。	I went out.
少しの間、家を留守にしました。	I was out for a little while.
近くのコンビニまで行きました。	I went to the nearby convenience store.
近くを散歩しました。	I took a walk in the neighborhood.

スーパーに食事の材料を買いに行きました。	I went to the supermarket to buy food.
歯医者に行きました。	I went to the dentist.
美容院に行きました。	I went to the beauty shop.
パーマをかけました。	I got a perm.
カットをしました。	I got a hair cut.
髪を染めました。	I dyed my hair.

◉街に出ました・買い物をしました

原宿に行きました。	I went to Harajuku with my friends.
買い物に行きました。	I went shopping.
一人で銀座に買い物に行きました。	I went shopping in Ginza by myself.
友達と一緒にランドマークプラザに行きました。	I went to Landmark Plaza with my friend.
横浜できれいな夜景を見ました。	I saw the beautiful night view in Yokohama.
横浜のデパートに行きました。	I went to a department store in Yokohama.
いろいろな店を見て回りました。	I looked around at many different shops.
新しい服/バック/靴を買いに行きました。	I went to buy new clothes/ a handbag/a pair of shoes.

基礎 11 過去の出来事を説明する

セールでブランド物の服を買いました。	I bought designer clothes that were on sale.
夏物/秋物/冬物/春物を見に行きました。	I went to look at summer/autumn/winter/spring clothes.
新しいアウトレットモールをチェックしに行きました。	I checked out the new outlet mall.
ディスカウントストアにパソコンを見に行きました。	I went to the discount store to look for a PC.
本屋をぶらぶら見て回りました。	I browsed around the bookstore.
CDショップでサザンオールスターズのアルバムを買いました。	I bought the new album by Southern All Stars at a CD shop.

◈食事をしました

友達とおいしいものを食べに行きました。	I went out to have a nice meal with my friend.
恋人と食事に行きました。	I had lunch/dinner with my boyfriend/girlfriend.
友達と新しいイタリアンレストランに行きました。	I went to a new Italian restaurant with my friend.
ステーキ/しゃぶしゃぶ/すきやきのディナーを食べました。	I had the steak/shabushabu/sukiyaki dinner.
おいしいフランス料理のフルコースを食べに行きました。	We went to have a nice, full-course French meal.
友達とホテルでビュッフェスタイルの食事をしました。	We had a buffet style meal at a hotel.

友達とお茶を飲みに行きました。	I had a cup of coffee/tea with my friend.
友達とホテルのデザートの食べ放題に行きました。	I went to a hotel to have their "eat-all-you-can" desserts.
親しい友達と居酒屋に飲みに行きました。	I went drinking at an "izakaya(a Japanese pub)" with close friends of mine.

●行楽地・ドライブ・アウトドア

遊園地に行きました。	I went to an amusement/theme park.
遊園地でジェットコースター/観覧車に乗りました。	We rode the roller coaster/Ferris wheel at the theme park.
恋人と一緒にディズニーランドに行きました。	My boyfriend/girlfriend and I went to Disneyland.
ディズニーランドでパレードを見ました。	We saw the parade at Disneyland.
ドライブに行きました。	I went for a drive.
子供と一緒にピクニックに行きました。	I went on a picnic with my children.
家族でハイキングに行きました。	I went hiking with my family.
山登りに行きました。	I went mountain-climbing.
キャンプに行きました。	We went camping.
テントを張りました。	We put up a tent.

外でバーベキューをしました。	We had a barbecue outside.
自然と触れ合いました。	We enjoyed the country-side.
きれいな景色を楽しみました。	We enjoyed the beautiful natural scenery.
おいしい空気をたくさん吸いました。	We enjoyed the clean, fresh air.

◉映画鑑賞・スポーツなど

友達と映画を見に行きました。	I went to the movies with my friend.
トム・クルーズの新作を見に行きました。	I went to see the new Tom Cruise movie.
テニス/ゴルフをしに行きました。	I played tennis/golf.
海/プールに泳ぎに行きました。	I went swimming at the beach/pool.
友達とサッカー/野球の試合を見に行きました。	I saw a soccer match/baseball game with my friend.
友達とコンサートに行きました。	I went to a concert with my friend.
友達と美術館/展覧会に行きました。	My friend and I went to a museum/an art exhibition.
友達数人とカラオケに行きました。	I went to karaoke with my friends.
図書館に本を借りに行きました。	I went to the library to borrow some books.

◉人に会いました

友達に会いました。	I met my friend.
デートをしました。	I went on a date.
六本木で友人に会いました。	I saw my friend in Roppongi.
高校/大学時代の友人に会いました。	I met my friend from high school/college.
以前の職場で一緒に働いていた人と会いました。	I met a friend from my former workplace.
ボーイフレンド/ガールフレンドに会いました。	I saw my boyfriend/girlfriend.
両親を訪ねました。	I visited my parents.
親戚を訪ねました。	I visited my relatives.
義理の両親を訪ねました。	I visited my in-laws.
息子/娘のところに遊びに行きました。	I visited my son/daughter.
鎌倉にいる友達の家に遊びに行きました。	I went to my friend's house in Kamakura.

◉季節の行事

偕楽園に梅を見に行きました。	I went to Kairakuen to see the plum blossoms.
花見に行きました。	I went flower-viewing.
上野公園に桜を見に行きました。	I went to Ueno Park to see the cherry blossoms.

基礎 11 過去の出来事を説明する

明月院にあじさいを見に行きました。	I went to Meigetsuin to see the hydrangea.
七夕祭りに行きました。	I went to the Star (Tanabata) Festival.
地元の夏祭りに行きました。	I went to the local summer festival.
花火大会に行きました。	I went to see the fireworks.
箱根に紅葉を見に行きました。	I went to Hakone to see the autumn leaves.
クリスマスの雰囲気を味わいに街に出ました。	I went to town to enjoy the Christmas atmosphere.
神社に初もうでに行きました。	I visited a shrine to pray for happiness and good health throughout the year.
初日の出を見に行きました。	I went to see the first sunrise of the year.

◈旅行をしました

旅行をしました。	I went on a trip.
箱根に行きました。	I took a trip to Hakone.
長野の温泉に行きました。	I went to a hot springs in Nagano.
温泉に行っておいしものをたくさん食べました。	I went to a hot springs and ate delicious food.
ホテルからのすばらしい景色を楽しみました。	I enjoyed the wonderful view from the hotel.

社員旅行でシンガポールに行きました。	We went on a company trip to Singapore.
家族と伊豆に一泊旅行をしました。	I went on an over-night trip to Izu with my family.
海外旅行をしました。	I traveled abroad.
ツアーでイギリスに行きました。	I went to England on a tour.
ハワイにいる妹に会いに行きました。	I went to Hawaii to visit my sister.
友達と数人でオーストラリアに卒業旅行をしました。	I went on a graduation trip to Australia with a group of friends.
ハワイに家族旅行をしました。	We took a family trip to Hawaii.

③ 過去に進行していた行動についてたずねる・答える

[基本パターン]　Disk2 09

Q **What were you doing yesterday?**

「昨日、何をしていましたか」

A **I was working from morning to night.**

「朝から晩まで仕事をしていました」

Point

「…していました」、「…しているところでした」のように、過去のある一定の時間・時期に進行していた行動を表すときは"人+was/were+動詞ing"のかたちを用います。

I was watching TV from eight to ten o'clock.

「8時から10時までテレビを見ていました」

He was taking a bath when I called.
「私が電話をしたとき、彼は入浴中でした」

◉相手が何をしていたかをたずねる

今、何をしていましたか。	What were you doing?
昨日の午後、何をしていましたか。	What were you doing yesterday afternoon?
昨晩、何をしていましたか。	What were you doing last night?

◉自分がしていたことを説明する

仕事をしていました。	I was working.
一日外出していました。	I was out all day. ※「外出していた」の場合は、"be out" を使います。
昨日は友達と会っていました。	I was seeing my friend yesterday.
ずっと家にいました。	I was at home all day. ※「家にいた」の場合は、"be at home" を使います。
くつろいでいるところでした。	I was just relaxing. / Just relaxing.
朝ごはん/昼ごはん/晩ごはんを食べているところでした。	I was eating breakfast/lunch/dinner.
特に何もしていませんでした。	I wasn't doing anything special.
疲れていたので休んでいました。	I was resting because I was tired.

のんびりとテレビを見ていました。	I was just watching TV.
勉強していました。	I was studying.
電話中でした。	I was talking on the phone. / I was on the phone.
お風呂に入っていました。	I was taking a bath. / I was in the bath.
シャワーを浴びていました。	I was taking a shower. / I was in the shower.
仕事のことを考えていました。	I was thinking about work.

④ 生い立ちについてたずねる・話す

基本パターン

Q **Where were you born?** 「お生まれはどちらですか」
Where did you grow up? 「どこで育ったのですか」
When did you start working? 「就職したのはいつですか」

A **I was born in Tokyo.** 「東京で生まれました」
I grew up in Yokohama. 「横浜で育ちました」
I started working in 1992. 「1992年に就職しました」

Point

「～年に～をした」という年号の前にはinがつきます。自分の生い立ちについて話すときも、すでに起こった出来事なのでBe動詞も普通の動詞も過去形を使います。

5 生い立ちについてたずねる

お生まれはどちらですか。	Where were you born?
お生まれはいつですか。	When were you born?
どこで育ったのですか。	Where did you grow up?
東京に引っ越したのはいつですか。	When did you move to Tokyo?
どうして東京に引っ越して来たのですか。	What brought you to Tokyo?
どちらの学校に行かれたのですか。	Which school did you go to?
学生時代、好きな科目は何でしたか。	What was your favorite subject when you were in school?
大学では何を勉強/専攻しましたか。	What did you study/major in college?
高校/大学を卒業したのはいつですか。	When did you graduate from high school/college?
働き始めたのはいつですか。	When did you start working?
サトウ電気に入社したのはいつですか。	When did you start working for Sato Electronics?
サトウ電気を辞めたのはいつですか。	When did you quit Sato Electronics?
転職したのはいつですか。	When did you change jobs?
結婚したのはいつですか。	When did you get married?
奥さん/ご主人とはどこで知り合ったのですか。	How did you meet your wife/husband?

お子さんが生まれたのはいつですか。	When did you have children?
離婚なさったのはいつですか。	When did you get divorced?
いつ退職なさったのですか。	When did you retire?

6 生い立ちを説明する　Disk2 11

◉生まれと育ち

私は東京で生まれました。	I was born in Tokyo.
1970年に生まれました。	I was born in 1970.
私は東京で育ちました。	I was raised in Tokyo. / I grew up in Tokyo.
私は東京で生まれ育ちました。	I was born and raised in Tokyo.
生まれは横浜ですが、10歳のときに東京に引っ越しました。	I was born in Yokohama, but moved to Tokyo when I was 10 years old.
父親の仕事の都合で、小学生のときに博多に越しました。	I moved to Hakata when I was in elementary school because of my father's work.

◉学校

地元の学校に行きました。	I went to a local school.
私立／公立の学校に通いました。	I went to a private/public school.
学生時代、歴史と英語が好きでした。	My favorite subjects were History and English.

数学と体育が苦手でした。	I didn't like Math and P. E. (Physical Education の略)
1990年に東和大学に入学しました。	I entered Towa College/University in 1990.
大学では英文学を専攻しました。	I majored in English Literature in college.
1995年に高校/大学を卒業しました。	I graduated from high school/college in 1995.

◉就職

5年前にサトウ電気に入社しました。	I entered Sato Electronics five years ago.
去年、サトウ電気を辞めました。	I quit Sato Electronics last year.
去年、転職しました。	I changed jobs last year.
サトウ電気では営業部にいました。	I worked in the sales department at Sato Electronics.
私はサトウ電気のエンジニアでした。	I was an engineer at Sato Electronics.

◉結婚

5年前に結婚しました。	I got married five years ago.
妻/夫とは大学/職場で知り合いました。	I met my wife/husband in college/at work.
妻/夫とは友人の紹介で知り合いました。	I met my wife/husband through a friend.
半年前に子供が生まれました。	Our son/daughter was born six months ago.

だいぶ前に離婚しました。	I got divorced a long time ago.
3年前に再婚しました。	I got remarried three years ago.
少し前に退職しました。	I retired a little while ago.

【過去の時間の言い方】

昨日	yesterday
おととい	the day before yesterday
3日前	three days ago
先週	last week
先々週	the week before last
3週間前	three weeks ago
先月	last month
3ヶ月前	three months ago
去年	last year
3年前	three years ago
先週の月曜日	last week Monday
去年の8月	last August / in August last year
数日前	several days ago / a few days ago
2、3日前	a couple of days ago

数週間前	several weeks ago
2、3週間前	a couple of weeks ago
数ヶ月前	several months ago
2、3ヶ月前	a couple of months ago
数年前	several years ago
2、3年前	a couple of years ago
ずっと前	a long time ago
ちょっと前	a little while ago

The Perfect Book of Daily English Conversation

発展編 ②

発展 ❶ 体調を説明する

基本パターン

Q How do you feel?　　　　「体調はどうですか」

A I feel good.　　　　　　「体調はいいです」

Point

①相手の体調や気分をたずねるときは、"How do you feel?" や "How are you feeling?" を使います。具体的に健康面をたずねるときは "How is your health?" です。

②体調・気分を含め、「調子がいい」と言うときの基本表現は "I'm fine. / I feel fine." です。体調が悪いときは "I don't feel well." を使います。

③「元気そうですね」など、「…そうですね」の基本表現は、"You look + 形容詞" です。

　　You look well.　　　　「元気そうですね」

1 体調をたずねる・コメントする　Disk2 12

気分はどうですか。	How are you feeling?
今日の気分はどうですか。	How are you feeling today?
体調はどうですか。	How is your health?
大丈夫？	Are you OK?
具合は大丈夫ですか。	Are you feeling OK?

元気そうですね。	You look fine.
顔色がいいですね。	Your color is good.
ちょっと疲れているみたいですね。	You look tired.
とても疲れているみたい。	You look exhausted.
顔色が悪いですよ。	You look pale.
具合が悪そうですね。	You look sick.
太りましたね。	You put on some weight.
やせましたね。	You lost some weight.

発展 1 体調を説明する

② 体調について話す　Disk2 13

◉元気です・調子がいいです

調子がいいです。	I feel fine.
最近、調子がいいです。	I've been feeling well.
体調がいいです。	I feel good physically.
健康です。	I'm in good shape.
コンディションがいいです。	I'm in good physical condition.
ベストコンディションです。	I'm in top form.
体力も充分あります。	I have enough stamina.
元気いっぱいです。	I'm full of energy.
今日は調子がいいです。	I feel great today.
健康面は問題ありません。	Physically I'm OK. / Physically I have no problems.

身体が軽いです。	I feel light.
食欲があります。	I have a good appetite.
夜はぐっすり眠れます。	I can sleep well at night.
目覚めはいいです。	I can wake up easily.

◉健康に気を遣うようになってから体調がよくなりました

体調がよくなりました。	My health improved.
以前より調子がいいです。	I feel better now.
運動するようになってから調子がいいです。	My health improved after I started to exercise.
運動するようにしてから体力がつきました。	I've gained stamina after I started exercising.
食事に気を遣うようになってから調子がいいです。	My health improved after I started watching my diet.
野菜を多く食べるようにしてから調子がいいです。	My health improved after I started eating a lot of vegetables.
脂っこいものを控えるようにしてから身体が軽くなりました。	I feel lighter after I cut down on oily food.
お酒を控えてから調子がいいです。	I feel better after I cut down on alcohol.
腹八分目にすると身体が軽く感じます。	I feel lighter when I don't over-eat.
タバコをやめてから疲れにくくなりました。	I don't get tired so often after I stopped smoking.

規則正しい生活をするようにしてから調子がいいです。	My health improved after I started following a steady routine.

●体調が悪いです

体調が悪いです。	I don't feel well.
最近、調子が悪いです。	I haven't been feeling well recently.
疲れています。	I'm tired.
ここのところ疲れ気味です。	I've been exhausted for awhile.
本調子ではありません。	I'm not in the best condition.
身体はぼろぼろです。	I'm in terrible shape.
力が出ません。	I feel weak.
具合が悪いです。	I feel sick.
だるいです。	I feel dull.
今日はあまり元気が出ません。	I don't have much energy today.
食欲がまったくありません。	I have no appetite.
身体が重いです。	I feel heavy.
二日酔いです。	I have a hangover.
寝不足です。	I couldn't get enough sleep last night.
最近よく眠れません。	I haven't been sleeping well recently.

③ 気遣いの言葉 Disk2 14

お大事に。	Please take care.

どうぞお大事に。	Take care of yourself.
身体を大事になさってください。	Please take care of your health.
早くよくなるといいですね。	I hope you get well soon.
ゆっくり休んでください。	Take a good rest.
気楽に。	Take it easy.
無理しないで。	Don't push yourself.
仕事のことは心配しないで。	Don't worry about work.

４ 回復を伝える　Disk2 15

だいぶよくなりした。	I'm getting better.
回復しています。	I'm on the road to recovery.
おかげさまで治りました。	I've recovered, thank you.
もう大丈夫です。	I'm well now.
すっかりよくなりました。	I'm completely over it.
心配をかけてしまってすみません。	Sorry to have worried you.

５ 自分の体質を説明する　Disk2 16

基本パターン

I'm healthy.	「私は健康です」
I have an allergy.	「私はアレルギー体質です」
I'm allergic to pollen.	「私は花粉にアレルギーが出ます」

Point

① 「…を患っている」、「…体質です」、「…症です」のように自分の体質を表すときは、"I am …" や "I have …" など、現在形を使って表現します。

② 「…アレルギーです」と言うときは、"I'm allergic to + アレルギーの出るもの" になります。

◎私は健康です

私は身体が丈夫です。	I'm physically fit. / I'm physically strong.
体力があります。	I have stamina.
健康だけが取り柄です。	I'm nothing if not healthy.
風邪はめったにひきません。	I hardly catch cold.
寝つきもいいし、眠りも深いです。	I sleep easily and soundly.
お酒には強いです。	I can drink a lot.
心臓は丈夫です。	I have a strong heart.
胃腸は丈夫です。	I have a strong stomach.
視力はいいです。	I have good eyesight.
虫歯はほとんどありません。	I don't have many cavities.
これまで大きな病気をしたことがありません。	I've never suffered from a serious illness.
これまで入院したことがありません。	I've never been hospitalized.

これまで手術をしたことがありません。	I've never had an operation before.

◉体質・体力不足・あまり丈夫ではありません

私は丈夫ではありません。	I'm not physically strong.
体力があまりありません。	I don't have much stamina.
疲れやすいです。	I get tired easily.
風邪をひきやすいです。	I catch cold easily.
季節の変わり目に体調を崩しやすいです。	I don't feel well during the change of seasons.
花粉症です。	I have hay fever.
ハウスダストにアレルギーが出ます。	I'm allergic to house dust.
冷え性です。	I get cold easily.
高血圧です。	I have high blood pressure.
低血圧です。	I have low blood pressure.
貧血症です。	I'm anemic.
糖尿病です。	I'm diabetic.
胃腸が弱いです。	I have a weak stomach.
心臓が弱いです。	I have a weak heart.
呼吸器が弱いです。	I have a weak respiratory system.
ぜんそく持ちです。	I have asthma.
コレステロール値が高いです。	I have a high cholesterol count.
不眠症です。	I have insomnia.

お医者さまからの薬を飲んでいます。	I'm taking prescriptive medicine.
これは遺伝的なものです。	It's hereditary.

◉身体の悩み

肩こりがひどいです。	I have stiff shoulders. /My shoulders are very stiff.
首と肩がいつもこっています。	My neck and shoulders are always stiff.
腰痛がひどいです。	I have a terrible backache.
一日が終わる頃には足がむくみます。	My feet get swollen by the end of the day.
顔がむくみます。	My face gets puffy.
目が悪いです。	I have bad eyesight.
ドライ・アイで困ります。	I suffer from dry-eye. / My eyes get very dry.
疲れがとれなくて困っています。	I can't regain my energy.
疲れがすぐに顔に出ます。	When I'm tired, my face shows it.
回復が遅くて困ります。	It takes time for me to recuperate/recover.
車に酔います。	I get carsick.
冬は肌が乾燥します。	My skin gets very dry in the winter.

夏場は冷房で身体が冷えます。	I get very cold in air-conditioned rooms during the summer.
体温調節ができません。	I can't adjust my body temperature.
新陳代謝が活発ではありません。	I have low metabolism.

6 病気・病状を説明する　Disk2 17

基本パターン

I have a cold.	「風邪をひいています」
I get dizzy.	「頭がくらくらします」
I feel sick.	「気分が悪いです」

Point

病気や病状を表現するとき、よくhave、get、feelが使われます。

●風邪の諸症状

風邪をひきました。	I caught a cold./I got a cold.
インフルエンザにかかりました。	I got the flu.
熱っぽいです。	I feel feverish.
熱があります。	I have a fever.
38度ぐらいの熱があります。	I have a 38-degree fever.
微熱があります。	I have a slight fever.
頭がとても痛いです。	I have a bad headache.
頭がずきずきします。	I have a splitting headache.
熱はありません。	I don't have a fever.

咳が出ます。	I have a cough.
痰が出ます。	I cough up phlegm.
喉が痛いです。	I have a sore throat.
鼻が出ます。	I have a runny nose.
鼻がつまっています。	My nose is clogged. / My nose is stuffed up.
くしゃみが止まりません。	I can't stop sneezing.
関節が痛みます。	My joints hurt.
悪寒がします。	I have the chills.
吐き気がします。	I feel nauseous. / I feel like vomiting.
気持ちが悪いです。	I feel queasy.
めまいがします。	I feel dizzy.

●胃腸・内臓系

胃がむかむかします。	I feel sick to my stomach.
お腹が痛いです。	I have a stomachache.
下痢が止まりません。	I have diarrhea. / I have the runs.
便秘気味です。	I have constipation.
おなかがごろごろしています。	I have indigestion.
胃が刺し込むように痛いです。	I have a stabbing pain in my stomach.

発展 1 体調を説明する

胃が何も受けつけません。	I can't digest anything. / I can't eat anything.
食べたものを戻してしまいました。	I vomited.
一晩中、吐いてしまいました。	I threw up all night.

◉けが・骨折・ねんざ

けがをしてしまいました。	I got hurt.
包丁で指を切ってしまいました。	I cut my finger with a knife.
出血が止まりません。	It doesn't stop bleeding.
やけどをしました。	I burned myself.
足を折りました。	I broke my leg.
転んでひざをすりむいてしまいました。	I fell down and scraped my knees.
かさぶたになりました。	I have a scab now.
つま先にひびが入りました。	I got a crack in my toe.
つき指になりました。	I sprained my finger.
足首をねんざしました。	I sprained my ankle.
足をくじきました。	I twisted my feet.
足首がはれています。	My ankle is swollen.

◉歯

虫歯があります。	I have a cavity.
虫歯が痛いです。	I have a toothache.

親知らずが痛みます。	My wisdom tooth aches.
親知らずを抜きました。	I pulled my wisdom tooth.
虫歯の詰め物がとれてしまいました。	The filling of my cavity came off.
歯ぐきから血が出ます。	My gums bleed.

◉目・耳

ものもらいができました。	I have a sty.
視力が落ちました。	My eyesight got worse.
目がかすみます。	I have blurred vision.
私は遠視です。	I'm far-sighted.
私は近視です。	I'm near-sighted.
私は乱視気味です。	I'm slightly astigmatic.
耳鳴りがします。	I have ringing in my ears.

◉身体の痛み・症状

かゆいです。	I feel itchy.
痛いです。	It hurts.
少し痛いです。	It hurts slightly.
刺し込むように痛みます。	I have a sharp pain.
ずきずき痛みます。	I have a throbbing pain.
鈍い痛みがあります。	I have a dull pain.
断続的に痛みます。	It hurts intermittently.

ひっぱられるような感じがします。	I feel like it's pulling.
圧迫感があります。	I feel pressure.
息をすると苦しいです。	It hurts when I breathe.

発展 ❷ 人の外見と性格を説明する

1 人の外見

基本パターン

Q What do you look like? 「あなたの外見は？」
What does he look like? 「彼の外見は？」
What does she look like? 「彼女の外見は？」

A I am tall. 「私は背が高いです」
He is short. 「彼は背が低いです」
She is slim. 「彼女はスリムです」

Point

① 「…はどんな外見ですか」とたずねるときは、"What do/does+人+look like?" を使います。

② 外見を説明するときは "人+Be動詞+形容詞" で答えます。

③ "人+Be動詞+形容詞" のとき、a/anは必要ありませんが、「彼は若い男性です」のように、形容詞の後に名詞がくるときは、形容詞の前にa/anを付けましょう。

　He's a young man. 「彼は若い男性です」

2 外見をたずねる　Disk2 18

あなたの外見は？　　　　　What do you look like?

あなたのお父さんの外見は？　What does your father look like?

あなたのお母さんの外見は？	What does your mother look like?
あなたの奥さんの外見は？	What does your wife look like?
あなたのご主人の外見は？	What does your husband look like?
あなたの息子さん/娘さんの外見は？	What does your son/daughter look like?
お友達の外見は？	What does your friend look like?
ボーイフレンドの外見は？	What does your boyfriend look like?
ガールフレンドの外見は？	What does your girlfriend look like?
彼/彼女はだれに似ていますか。	Who does he/she look like?
あなたはご両親のうちどちらに似ていますか。	Who do you take after?
→私は父親似です。	I take after my father.
→私は母親似です。	I take after my mother.
彼/彼女はご両親のどちらに似ていますか。	Who does he/she take after?
→彼は母親に似ています。	He looks like his mother.
→彼女は両親のどちらにも似ていません。	She doesn't look like either of her parents.
→彼女はお母さんとうりふたつです。	She's the spitting image of her mother.

3 全体的な外見を説明する Disk2 19

◉全体の印象

彼はかっこいいです。	He's good-looking.
彼はすてきです。	He's nice-looking.
彼の外見は普通です。	He's ordinary-looking.
彼女は質素な外見です。	She's plain-looking.
彼女の外見は平均的です。	She's average-looking.
彼はハンサムです。	He's handsome.
彼はとてもすてきです。	He's gorgeous.
彼女はかわいいです。	She's cute.
彼女はきれいです。	She's beautiful./She's pretty.
彼女は魅力的です。	She's attractive.
彼女は洗練されています。	She's sophisticated.
彼女はチャーミングです。	She's charming.
彼女はきれいでかわいいです。	She's lovely.
彼女は化粧が濃いです。	She wears a lot of make-up.
彼女は化粧っ気がありません。	She doesn't wear much make-up.
彼はかっこよくありません。	He's not good-looking.

◉背丈・スタイル

私は背が高いです。	I'm tall.

私は背が低いです。	I'm short.
私の背は中くらいです。	I'm average height.
彼はどっしりしています。	He's heavy.
彼は太っています。	He's fat.
彼は太りすぎです。	He's overweight.
彼女は少し太っています。	She's a little fat.
彼女はぽっちゃりしています。	She's chubby.
彼はスリムです。	He's slim.
彼はやせています。	He's thin.
彼はがりがりです。	He's skinny.
彼は体格がいいです。	He's well-built.
彼は中肉中背です。	He's medium-built.
彼女はスリムで背が高いです。	She's slim and tall.
彼女はすらっとしてます。	She's slender.

④ 部分的な外見の描写　Disk2 20

基本パターン

I have long hair.	「私の髪は長いです」
He has short hair.	「彼の髪は短いです」
She has big eyes.	「彼は目が大きいです」

Point

①英語では「髪が短い」、「目が大きい」など、外見の部分的

な特徴を話すときはhave/hasを使って表現することが多いです。目は複数形のeyesを使います。

② また、"所有格(My, Your, His, Her)+身体の部分"を文頭に持ってきて、外見上の部分的な特徴を表すこともできます。

 My hair is short.　　　　「私の髪は短いです」

③ 顔・鼻・口の特徴を説明するときは単数形なので、a/anを付けましょう。

 I have a round face.　　　「私は丸顔です」

※「口」を使った"人+have/has a big mouth."という表現に限っては、「おしゃべり」や「物ごとを大げさに言う」という意味にもなりますので、「口が大きい」と言いたいときは、"She has a wide mouth."と言いましょう。

◉髪の色

私の髪は黒いです。	I have black hair.
私の髪は茶色です。	I have brown hair.
彼女はブロンドです。	She has blond hair.
私は髪を茶色に染めています。	I dye my hair brown.
私は髪を金髪に染めています。	I dye my hair blond.
私の母は白髪混じりです。	My mother has hair flecked with gray.
彼女はごま塩あたまです。	She has salt-and-pepper hair.
私の父は白髪です。	My father has gray hair. / My father has white hair.

● ヘアスタイル

私は髪が長いです。	I have long hair. / My hair is long.
私は髪が短いです。	I have short hair. / My hair is short.
彼女はショートカットです。	She has a short hair cut.
彼女の髪は肩の長さです。	Her hair is shoulder-length.
彼女の髪はセミロングです。	Her hair is medium-length.
私はカーリーヘアです。	I have curly hair.
私の髪はウェーブがかかっています。	I have wavy hair.
私はストレートヘアです。	I have straight hair.
私はパーマをかけています。	I have a perm.
彼女はみつあみをしています。	She has her hair braided.
彼女は髪をひっつめにしています。	She has her hair pulled back.
彼女は髪をアップにしています。	She has her hair up.
彼女はポニーテールをしています。	She has her hair in a ponytail.
彼女は髪を一つにまとめています。	She has her hair in a bun.
彼はスキンヘッドです。	He's a skinhead.
彼ははげています。	He's bald.
彼は髪が薄いです。	He has little hair.
彼はかつらをかぶっています。	He wears a toupee/hairpiece.

◎目・まつ毛・まゆ

彼は目が大きいです。	He has big eyes.
彼は目が小さいです。	He has small eyes.
彼女は目がぱっちりしています。	She has wide eyes.
彼女は目が細いです。	She has narrow eyes.
彼の目はつり上がっています。	He has slanted eyes.
彼は目が鋭いです。	He has sharp eyes.
彼は目のほりが深いです。	He has deep-set eyes.
彼女は一重です。	She has single eyelids.
彼女は二重です。	She has double eyelids.
彼女はまつ毛が長いです。	She has long eyelashes.
彼女はまつ毛が短いです。	She has short eyelashes.
彼女はつけまつ毛をしています。	She wears false eyelashes.
彼はまゆが濃いです。	He has thick eyebrows.
彼はまゆが薄いです。	He has thin eyebrows.

◎目・鼻・口

彼は鼻が長いです。	He has a long nose.
彼はだんご鼻です。	He has a flat/squat nose.
彼はわし鼻です。	He has a hooked nose.
彼の鼻は高いです。	He has a high-bridged nose.
彼女は口が大きいです。	She has a wide mouth.

発展 2 人の外見と性格を説明する

彼女は口が小さいです。	She has a tiny mouth.
彼女は唇が厚いです。	She has thick lips.
彼女は唇が薄いです。	She has thin lips.

◉顔

私は丸顔です。	I have a round face.
私の顔は四角いです。	I have a square face.
彼の顔は小さいです。	He has a small face.
彼の顔は角張っています。	He has an angular face.
彼は面長です。	He has a long face.
彼の顔は大きいです。	He has a big face.
彼の顔は細長いです。	He has a narrow face.
彼女はベビーフェイスです。	She has a baby face.
彼女の顔つきは大人っぽいです。	She has a grown-up face.
彼女はほお骨が高いです。	She has high-cheekbones.
彼はえらが張っています。	He has a square jaw line.
彼はあごがとがっています。	He has a pointed chin.

◉手足・肩・腰

私は手が小さいです。	I have small hands.
私は手が大きいです。	I have big hands.
あなたの指は長いです。	You have long fingers.
あなたの指は短いです。	You have short fingers.

彼は腕が長いです。	He has long arms.
彼は腕が短いです。	He has short arms.
彼は手足が長いです。	He has long arms and legs.
彼は足ががりがりです。	He has bony legs.
彼は足が太いです。	He has fat legs.
彼は足が大きいです。	He has big feet.
彼は足が小さいです。	He has small feet.
彼は肩幅が広いです。	He has broad shoulders.
彼は肩幅がせまいです。	He has narrow shoulders.
彼はなで肩です。	He has round shoulders.
彼女はウエストが太いです。	She has a big waist.
彼女はウエストが細いです。	She has a small waist.

●その他の特徴：めがね・ひげ

彼はメガネをかけています。	He wears glasses.
彼女はコンタクトをしています。	She wears contact lenses.
彼はひげが濃いです。	He has a 5 o'clock shadow.
彼はあごひげを伸ばしています。	He has a beard.
彼は口ひげがあります。	He has a mustache.
彼はほおひげがあります。	He has whiskers.
彼はもみあげを伸ばしています。	He has long sideburns.

5 性格

基本パターン

Q What are you like? 「あなたはどんな人ですか」
　　What is he like? 「彼はどんな人ですか」
　　What is she like? 「彼女はどんな人ですか」
　　または：
　　What kind of person are you? 「あなたはどんな人ですか」
　　What kind of person is he? 「彼はどんな人ですか」
　　What kind of person is she? 「彼女はどんな人ですか」

A I am active. 「私は行動的です」
　　He is nice. 「彼はいい人です」
　　She is kind. 「彼女はやさしいです」

Point

①どんな人かをたずねるときは、"What are you like?"、"What is he/she like?"、または"What kind of person...?"を使います。

②外見と同様、性格について説明するときも"人+Be動詞+形容詞"で答えます。

6 性格をたずねる　Disk2 21

あなたはどんな人ですか。	What are you like? / What kind of person are you?
あなたのお父さんはどんな人ですか。	What's your father like?

あなたのお母さんはどんな人ですか。	What's your mother like?
あなたの奥さんはどんな人ですか。	What's your wife like?
あなたのご主人はどんな人ですか。	What's your husband like?
あなたの息子さん/娘さんはどんな人ですか。	What's your son/daughter like?
お友達はどんな人ですか。	What's your friend like?
ボーイフレンドはどんな人ですか。	What's your boyfriend like?
ガールフレンドはどんな人ですか。	What's your girlfriend like?

7 性格を説明する Disk2 22

●いい人です・やさしいです・温かい人です

彼はいい人です。	He's nice.
彼はやさしいです。	He's kind.
彼は気さくです。	He's friendly.
彼は人当たりがいいです。	He's gentle.
彼女は理解があります。	She's understanding.
彼女は温かいです。	She's warm.

●明るい・積極的・行動的・社交的

私は明るいです。	I'm cheerful.

彼は外に出ることが好きです。	He's out-going.
彼は元気いっぱいです。	He's energetic.
彼は行動的です。	He's active.
彼はおもしろい人です。	He's funny.
彼は楽しいことが大好きです。	He's fun-loving.
彼女は積極的です。 (強気・強引という意味でも使われます)	She's aggressive.
彼女は社交的です。	She's sociable.
彼女は外向的です。	She's extroverted.
彼女は楽観的です。	She's optimistic.

◉頭がいいです

彼はするどいです。	He's sharp.
彼は知的です。	He's intelligent.
彼は頭がいいです。	He's smart.
彼女は利口です。	She's clever.
彼女はかしこいです。	She's bright.
彼女は理論的です。	She's logical.

◉まじめ・熱心・責任感がある・信頼できる

彼はまじめです。	He's diligent.
彼は熱心な人です。	He's enthusiastic.
彼は信頼できます。	He's trustworthy.

彼は頼りになります。	He's dependable.
彼女はあてにできます。	She's reliable.
彼女は責任感があります。	She's responsible.
彼女はきちんとしています。	She's neat.
彼女は裏切らない人です。	She's loyal.
彼女は正直です。	She's honest.

◉意地悪・短気・自分勝手・頑固・神経質

彼は意地悪です。	He's mean.
彼は自分勝手です。	He's selfish.
彼は自己中心的です。	He's self-centered.
彼は短気です。	He's short-tempered.
彼は怒りっぽいです。	He's ill-tempered. / He has a mean temper.
彼はとっつきにくいです。	He's unfriendly.
彼は頑固です。	He's stubborn.
彼は神経質です。	He has a nervous temperament.
彼はけちです。	He's stingy.
彼女は冷たい人です。	She's cold.

◉静か・内向的・悲観的・感情的

私は静かです。	I'm quiet.
彼は内向的です。	He's introverted.

彼女は受身です。	She's passive.
彼女は社交的ではありません。	She's unsociable.
彼女は悲観的です。	She's pessimistic.
彼女は恥ずかしがりやです。	She's shy.
彼女は感情的です。	She's emotional.

◈あてにならない・やる気がない・責任感がない・信頼できない

彼女はあてにできません。	She's unreliable.
彼女は責任感がありません。	She's irresponsible.
彼女はやる気がないです。	She's unenthusiastic.
彼は信頼できません。	He's untrustworthy.
彼は頼りになりません。	He's undependable.
彼女はだらしないです。	She's messy.
彼女は雑な性格です。	She's sloppy.
彼女は裏切る人です。	She's disloyal.
彼は正直ではありません。	He's dishonest.

◈その他の性格的特徴

彼は時間にルーズです。	He's never on time. / He has no concept of time.
彼は単純です。	He's simple-minded.
彼は口ばかりです。	He's all mouth.
彼はおもしろみがないです。	He's dull.

彼はたいくつな人です。	He's boring.
彼は計算高いです。	He's calculating.
彼は落ち着きがないです。	He's restless.
彼はいばっています。	He's bossy.
彼は飲み込みが遅いです。	He's slow.
彼女はおしゃべりです。	She's talkative.
彼女は気取っています。	She's snobbish.
彼女は人をあやつるのがうまいです。	She's manipulative.
彼女は気分屋です。	She's moody.
彼女は気まぐれです。	She's temperamental.
彼女は知りたがりです。	She's inquisitive.
彼女は嫉妬深いです。	She's jealous.
彼女は欲張りです。	She's greedy.

◉内向的な性格

彼は何でも自分で解決しようとします。	He tries to solve everything by himself.
彼は内にため込むタイプです。	He carries everything inside himself.
彼は自分の世界をしっかり持っています。	He has his own world.
彼は自分の世界に閉じこもっています。	He's locked up in his own world.

発展 2 人の外見と性格を説明する

彼女は心をなかなか開きません。	She doesn't open up herself easily.
彼女はなかなか本音を言わない人です。	She doesn't express what she's really thinking.
何を考えているのかわからない人です。	You never know what he/she is thinking.

発展 ③ 好きなこと・嫌いなことについて話す

① 特定のもの / ことが好きかどうかをたずねる　Disk2 23

基本パターン

Do you like Italian food?　「あなたはイタリア料理が好きですか」

Do you like traveling?　「旅行は好きですか」
Do you like to travel?

Do you care for Japanese food?「日本食は好んで食べますか」
Are you interested in English?「英語に興味はありますか」

Point

① 「…が好きですか」とたずねるときの基本表現は、"Do you like+名詞?"です。

② 「散歩」や「料理」など、特定の行為・動作が好きか嫌いかをたずねるときは、"Do you like+動詞ing?"、または"Do you like to+動詞の原形?"を使って質問します。

③ "Do you care for+名詞?"も「…に関心があるか・好むか」という意味で、「…が好きか・嫌いか」をたずねるときに用いられます。

④ 「…に興味がありますか」とたずねる場合は、"Are you interested in+名詞?"を使います。

読書は好きですか。	Do you like reading?
音楽鑑賞は好きですか。	Do you like listening to music?
映画は好きですか。	Do you enjoy going to the movies?
英語は好きですか。	Do you like English?
スポーツは好きですか。	Do you like sports?
身体を動かすことは好きですか。	Do you like exercising?
辛いものは好きですか。	Do you care for spicy food?
海外に住むことに興味はありますか。	Are you interested in living abroad?
カラオケは好きですか。	Do you like karaoke?
出かけることは好きですか。	Do you like going out?
買い物は好きですか。	Do you like shopping?
外食することは好きですか。	Do you like eating out at restaurants?

② 好き・嫌いの簡単な受け答え　Disk2 24

●好きです

はい、好きです。	Yes, I do. ※"Do you like ...?"の質問に対して。
はい、興味があります。	Yes, I am. ※"Are you interested in ...?"の質問に対して。
かなり好きです。	I like it a lot.

とても好きです。	I like it very much.
大好きです。	I love it.
夢中になっています。	I'm into it.
けっこう好きです。	I quite like it.
まあまあ好きです。	I think it's OK.

◎まあまあ・嫌いです

そうでもありません。	Not really.
特に好きではありません。	Not particularly.
好きでも嫌いでもありません。	I can take it or leave it.
ゴルフ/テニスに興味がないです。	I don't care for golf/tennis.
まったく興味がありません。	I'm not interested in it at all.
いいえ、嫌いです。	No, I don't. ※"Do you like ...?"の質問に対して。
いいえ、興味ありません。	No, I'm not. ※"Are you interested in ...?"の質問に対して。
大嫌いです。	I hate it.
がまんできません。	I can't stand it.

③ 好みをたずねる・答える　Disk2 25

基本パターン

Q What kind of food do you like?　「どんな食べ物が好きですか」
　　What is your favorite food?　「好みの食べ物は何ですか」

A I like sweets. 「私は甘いものが好きです」
　　I don't like spicy food. 「私は辛いものが嫌いです」
　　My favorite food is Italian. 「好物はイタリアンです」

Point

① 「どんな…が好きですか」と相手の好みをたずねるときは"What kind of + 名詞 + do you like?"を使います。「好きな…は何ですか」とたずねるときは、"What is your favorite + 名詞?"です。

② 自分の好きなものを話すときは"I like + 名詞"のかたちを使います。また次の表現もよく使われます。

I'm into ...	「…に夢中です」
I love ...	「…が大好きです」
I'm fond of ...	「…が気に入っています」
I enjoy ...	「…をすることが好きです」
My favorite ... is ...	「好きな…は…です」

③ 嫌いなものを話すときは"I don't like + 名詞"になります。さらに以下の表現もよく使われます。

I don't care for ...	「…は特に興味がありません」
I don't care to do ...	「…することに興味はありません」
I'm not into ...	「…に興味・関心はありません」
I'm not interested in ...	「…に興味はありません」

◎好みをたずねる

どんな食べ物が好きですか。	What kind of food do you like?
どんな音楽が好きですか。	What kind of music do you like?
どんな本が好きですか。	What kind of books do you like?
どんな映画が好きですか。	What kind of movies do you like?
どんな仕事が好きですか。	What kind of work do you like?
どんなタイプの人が好きですか。	What type of person do you like?
好きなテレビ番組は何ですか。	What's your favorite TV program?
好きなスポーツは何ですか。	What are your favorite sports?

※ sports は複数形なので "What are...?" になります。

好きな本は何ですか。	What's your favorite book?
好きな色は何ですか。	What's your favorite color?
好きな歌手は誰ですか。	Who's your favorite singer?

※ 「誰か」をたずねる質問なので Who を使います。

好きな俳優は誰ですか。	Who's your favorite actor?
好きな作家は誰ですか。	Who's your favorite writer?
好きな余暇の過ごし方は何ですか。	What's your favorite pastime?

4 好み・好きなこと / ものを説明する Disk2 26

◉趣味・余暇

読書が好きです。	I like reading.
音楽鑑賞が好きです。	I like listening to music.
映画鑑賞が好きです。	I like going to the movies.
スポーツが好きです。	I enjoy sports.
買い物が好きです。	I like shopping.
旅行が好きです。	I like traveling.
温泉に行くことが好きです。	I like going to hot springs.
ガーデニングが好きです。	I like gardening.
散歩が好きです。	I like taking a walk.
カラオケが好きです。	I like going to karaoke.
外に出ることが好きです。	I like to go out.
人と出かけることが好きです。	I like to go out with people.

◉食べ物

和食が好きです。	I like Japanese food.
洋食が好きです。	I like Western food.
イタリアンが大好きです。	I like Italian food very much.
ステーキが好きです。	I like steak.
魚介類が好きです。	I like seafood.
甘い物は大好きです。	I love sweets.

さっぱりしたものが好きです。	I like something that isn't heavy and oily.
こってりしたものが好きです。	I like something rich-tasting.
好物はハンバーグです。	My favorite food is hamburger.
外食はあまり好きではありません。	I don't like eating out.
野菜は嫌いです。	I don't like vegetables.
辛いものは苦手です。	I don't care for spicy food.

◎音楽・歌手

日本のポップスが好きです。	I like Japanese pop music.
洋楽ポップスが大好きです。	I like foreign pop music very much.
クラシック愛好家です。	I'm a classical music fan.
オペラに夢中です。	I'm into opera.
ジャズを好んで聴きます。	I'm fond of jazz music.
ピアノ音楽がとても好きです。	I like piano music very much.
静かな音楽が好きです。	I like quiet music.
楽器音楽が気に入っています。	I'm fond of instrumental music.
ラテン音楽のようなノリのいい音楽が好きです。	I like music with a strong beat like Latin music.
好きな歌手はマライヤ・キャリーです。	My favorite singer is Mariah Carey.
好きなグループはサザンオールスターズです。	My favorite music group is the Southern All Stars.

発展3 好きなこと・嫌いなことについて話す

好きな曲はビートルズの「レット・イット・ビー」です。	My favorite song is "Let It Be" by the Beatles.
ハードロックはあまり好きではありません。	I don't like hard rock very much.
パンクは嫌いです。	I hate punk music.
特に好きな音楽はありません。	I don't have any particular music that I like.
音楽には興味がありません。	I don't care to listen to music.

◉本・小説・作家

推理小説が好きです。	I like detective novels.
日本文学が好きです。	I like Japanese literature.
恋愛小説が大好きです。	I love romance novels.
ノンフィクションが好きです。	I like non-fiction stories/books.
エッセイを読むことが好きです。	I enjoy reading essays.
マンガが好きです。	I enjoy reading comic books.
短編集をよく読みます。	I often read short stories.
アメリカの現代文学が好きです。	I like contemporary American literature.
好きな本は「赤毛のアン」です。	My favorite book is "Ann of Green Gables."
好きな作家は村上春樹です。	My favorite author is Haruki Murakami.
フランス文学は特に好んで読みません。	I don't care to read French literature.

小説には興味がありません。	I'm not interested in reading novels.
時間がないので長い小説は読みません。	I don't read long novels because I don't have time.
読書は好きではありません。	I don't like to read.

◈映画・俳優・映画スター

アクション映画が好きです。	I like action movies.
恋愛映画が好きです。	I like romance movies.
コメディーが好きです。	I like comedies.
ハリウッド映画が大好きです。	I love Hollywood movies.
サスペンス映画が好きです。	I enjoy watching suspense films.
恐い映画はあまり好きではありません。	I don't care to watch scary movies.
ホラーは嫌いです。	I don't like horror movies.
邦画には興味がありません。	I'm not interested in Japanese movies.
好きな映画は「タイタニック」です。	My favorite movie is "Titanic."
好きな俳優はハリソン・フォードです。	My favorite actor is Harrison Ford.
好きな女優はメグ・ライアンです。	My favorite actress is Meg Ryan.
好きな映画スターはトム・クルーズです。	My favorite movie star is Tom Cruise.
好きな映画監督は黒澤明です。	My favorite movie director is Akira Kurosawa.

発展3　好きなこと・嫌いなことについて話す

◉テレビ番組

テレビを見ることは好きです。	I like watching TV.
バラエティー番組が好きです。	I like to watch comedy shows.
歌番組は大好きです。	I love the singing programs.
ドラマは楽しんで見ています。	I enjoy watching dramas.
トークショーはけっこう好きです。	I really like talk shows.
ニュースは毎日見ます。	I watch the news everyday.
スポーツを見ることにあまり興味がありません。	I'm not interested in watching sports.
ワイドショーは嫌いです。	I hate scandal and gossip programs.
好きなテレビ番組は「サザエさん」です。	My favorite TV program is "Sazae-san."
テレビはあまり見ません。	I hardly watch TV.
テレビはあまり好きではありません。	I don't care to watch TV that much.

◉スポーツ

スポーツは好きです。	I like playing sports.
身体を動かすことが好きです。	I like physical activities in general.
軽い運動は好きです。	I enjoy light exercises.
一人でやるスポーツが好きです。	I like individual sports.

アウトドアスポーツが好きです。	I like outdoor sports.
インドアスポーツが好きです。	I like indoor sports.
団体競技が好きです。	I like group sports.
球技が好きです。	I like ball games in general.
テニスが好きです。	I enjoy playing tennis.
ゴルフに熱中しています。	I'm very much into golf.
マリンスポーツが大好きです。	I love marine sports.
スポーツには興味がありません。	I'm not into sports.
基本的に運動は嫌いです。	I basically don't like sports.

◉仕事

事務仕事が好きです。	I like office work.
人と接する仕事が好きです。	I like working with people.
営業が好きです。	I like being a business salesperson.
接客は嫌いです。	I don't like doing shop sales work.
身体を動かす仕事が好きです。	I enjoy physical work/labor.
一人で作業することが好きです。	I like to work alone.
一日中座って事務仕事をするのは好きではありません。	I hate to sit in the office and do paperwork all day.

発展 3 好きなこと・嫌いなことについて話す

5 2つのうち、どちらが好きかをたずねる・話す　Disk2 27

基本パターン

Q Which do you prefer, coffee or tea?
「コーヒーと紅茶、どちらがいいですか」

Which do you like better, meat or fish?
「肉と魚では、どちらのほうが好きですか」

Which would you prefer to do, shop or go to the movies?
「買い物に行くのと映画を見るのとではどちらがいいですか」

A I prefer coffee.　　　　「コーヒーのほうがいいです」
I like tea better.　　　　「紅茶のほうが好きです」
I'd prefer to play tennis.　「テニスのほうがしたいです」
I'd rather go shopping.　「買い物のほうがしたいです」

Point

①2つのうち、どちらが好きかをたずねるときは、"Which do you prefer, (A) or (B) ?/Which do you like better, (A) or (B) ?"を使います。

②どちらの行動を取りたいかを訊くときは、"What/Which would you prefer to do, (A) or (B) ?"、"Which would you rather do, (A) or (B) ?"を使います。

③答えるときは以下の表現を使いましょう。

　　I prefer (A).　　　　　「Aのほうがいいです」
　　I like (B) better.　　　「Bのほうが好きです」
　　I'd prefer to do (A).　　「Aのほうがやりたいです」

I'd rather do (B).	「Bのほうがやりたいです」
I don't care for...	「…は特に興味がありません」
洋食と和食ではどちらがいいですか。	Which do you prefer, Western food or Japanese food?
→和食のほうがいいです。	I prefer Japanese food.
赤ワインと白ワインではどちらのほうが好きですか。	Which do you like better, red wine or white wine?
→赤ワインのほうが好きです。	I like red wine better.
クラシックとポップスではどちらがいいですか。	Which do you prefer, classical music or pop music?
→ポップスがいいです。	I prefer pop music.
家にいるのと外に出るのとではどちらが好きですか。	Which do you like better, staying home or going out?
→外に出るほうが好きです。	I like going out better.
一人でやる仕事と人と接する仕事とではどちらがいいですか。	Which do you prefer, working alone or working with people?
→人と接する仕事のほうが好きです。	I prefer working with people.
事務仕事と身体を動かす仕事とではどちらがいいですか。	Which do you like better, office work or physical work?
→事務仕事のほうが好きです。	I like office work better.
アメリカとヨーロッパとではどちらに行きたいですか。	Where would you rather go, America or Europe?
→ヨーロッパに行きたいです。	I'd rather go to Europe.

発展3 好きなこと・嫌いなことについて話す

発展 ❹ 能力と特技

1 「…ができますか」：簡単な質問と受け答え　Disk2 28

基本パターン

Q Can you speak English?　「あなたは…ができますか」

A Yes, I can.　　　　　　　「はい、できます」
　　No, I can't.　　　　　　　「いいえ、できません」

Point

「…ができますか」と相手にたずねるときは"Can you + 動詞?"を使います。

「はい」か「いいえ」で答えるときは：

Yes, I can.　　　　　　　「はい、できます」

No, I can't.　　　　　　　「いいえ、できません」

◉質問

英語で読み書きができますか。	Can you read and write English?
字幕がなくてもある程度映画がわかりますか。	Can you understand most of the movie without looking at the subtitles?
英語以外の語学はできますか。	Can you speak any foreign language other than English?
何かスポーツはできますか。	Can you play sports?
何か楽器は弾けますか。	Can you play any instruments?

パソコンは使えますか。	Can you use a computer?

●はい、できます

はい、できます。	Yes, I can.
ある程度はできます。	I can, to a certain degree.
少しできます。	I can do it a little.
少しならわかります。	I understand it a little.
今、習っている最中です。	I'm learning it now.

●いいえ、できません

いいえ、できません。	No, I can't.
あまりうまくできません。	Not very well.
できません。	I can't do it.
まったくできません。	I can't do it at all.
まったくわかりません。	I can't understand it at all./ I don't understand it at all.
悪いけれどできません。	Sorry, but I can't.

2 できること・できないことについて話す Disk2 29

基本パターン

I can speak English.	「私は英語が話せます」
I'm able to read and write English.	「私は英語で読み書きができます」

I know about computers.	「コンピューターについて知っています」
I understand English.	「私は英語がわかります」

Point

① 「…ができます」と、能力を表す基本表現はcanを使って、"I can+動詞"になります。"I am able to+動詞"も「…ができます」という意味で使われます。

② 「…について知っています」と言いたいときは、canを使わずに、普通の現在形を使い、"I know about+名詞"のかたちにします。「…がわかります（understand）」の場合も、現在形を使って表現します。

③ 「…ができません」というときは、否定形を使います：

I can not(＝can't) ...	「私は…ができません」
I am not(＝I'm not)able to ...	「私は…することができません」
I don't know about ...	「私は…について知りません」
I don't understand ...	「私は…がわかりません」

◉語学

英語が流暢に話せます。	I can speak English fluently.
英語がかなり話せます。	I can speak English quite well.
英語が少し話せます。	I can speak English a little.
イタリア語が少しわかります。	I can understand Italian a little.

英語を含めて３ヶ国語話せます。	I can speak 3 languages including English.
ゆっくり話してもらえればだいたい聞き取れます。	I can understand it if they speak slowly.
会話はできますが、書けません。	I can speak it, but I can't write it.
ある程度、読んで理解することはできますが、話せません。	I can more or less read and understand, but I can't speak it.
英語で相手の言っている内容はだいたいわかりますが、自分の言いたいことがうまく伝えられません。	I can understand what they're saying, but I can't express myself in English.
英語はあまりうまく話せません。	I can't speak English very well.
自分で文章を作れません。	I can't make my own sentences.
早く話されると何を言っているのか聞き取れません。	I can't understand what they're saying when they speak fast.
文法はわかりますが、会話ができません。	I understand the grammar, but I can't speak it.
とっさの一言がなかなか出てきません。	I can't come up with the right words at that precise moment.
単語が覚えられません。	I can't memorize the words.

●スポーツ

テニスができます。	I can play tennis.
スキーが少しできます。	I can ski a little.
ゴルフがかなりうまいです。	I can play golf quite well.

走るのが速いです。	I can run fast.
泳ぎがうまいです。	I can swim well.
速く走れません。	I can't run fast.
長く泳げません。	I can't swim long-distance.
スポーツはまったくできません。	I can't play any sports.

◎料理・趣味

料理ができます。	I can cook.
ピアノが弾けます。	I can play the piano.
ギターが少し弾けます。	I can play the guitar a little.
歌がうまいです。	I can sing well.
絵が描けます。	I can paint.
編み物ができます。	I can knit.
縫い物ができます。	I can sew.
クリエイティブなことはまったくだめです。	I can't do anything creative.
料理はあまりうまくないです。	I can't cook very well. / I'm not a good cook.
料理はまったくだめです。	I can't cook at all.
楽器はまったく弾けません。	I can't play any instrument.
歌はあまりうまくないです。	I can't sing well.
絵は下手です。	I can't draw at all.

●コンピューター技術

パソコンが使えます。	I can use computers.
パソコンについて詳しいです。	I know a lot about computers.
基本的なことならわかります。	I know the basics of computers.
文字入力しかできません。	I can only type-in words/sentences.
Eメールのやりとりとインターネットはできます。	I can do e-mail and the Internet.
パソコンのことはほどんどわかりません。	I don't know anything about computers.
パソコンは使えません。	I can't use computers.

●性格的にできること・できないこと

思ったことをはっきりと言えます。	I can clearly say what I feel.
しっかりと自己主張ができます。	I can clearly express myself.
物事を客観的に見ることができます。	I can see things objectively.
立ち直りが早いです。	I can regain my composure quickly.
うまく自己表現ができません。	I can't express myself well.
思ったことをはっきりと言えません。	I can't clearly say what I feel.
思ったことを言葉にできません。	I can't verbalize my thoughts and feelings.

思ってもすぐに実行できません。	I can't put my thoughts into action.
楽観的に物事が考えられません。	I can't think positively.
気持ちの切り替えがなかなかできません。	I can't switch my mood easily.

③ 得意なこと・苦手なこと

基本パターン

Q What are you good at? 「得意なことは何ですか」

A I'm good at English conversation. 「英会話が得意です」
I'm not good at grammar. 「文法は苦手です」
I'm bad at writing. 「書くことは下手です」

Point

①「…が得意です」は"I am good at+得意なこと（名詞・動詞ing）"のかたちを使います。

②苦手なこと・不得意なことは否定文を使います。また、「上手ではありません」、「下手です」と言うときは"I'm bad at+不得意なこと（名詞・動詞ing）"を使います。

●語学

語学は得意です。	I'm good at languages.
英語は得意です。	I'm good at English.
会話が得意です。	I'm good at conversation.

読み書きは苦手です。	I'm not good at reading and writing.
聞き取りが苦手です。	I'm not good at listening comprehension.
文法は苦手です。	I'm not good at grammar.
緊張するので会話は苦手です。	I'm not good at speaking because I get nervous.
私は語学学習に向いていません。	I'm bad at learning languages.

◎スポーツ

運動は得意です。	I'm good at sports.
身体を動かすことは得意です。	I'm good at physical activities.
野球が得意です。	I'm good at baseball.
マリンスポーツが得意です。	I'm good at marine sports.
水泳が得意です。	I'm good at swimming.
ジョギングが得意です。	I'm good at jogging.
運動は苦手です。	I'm not good at sports. / I'm not sporty.
私は運動神経が鈍いです。	I'm bad at any physical activity.

◎仕事

事務仕事が得意です。	I'm good at office work.
パソコン操作が得意です。	I'm good at using computers.
電話の応対が得意です。	I'm good at handling phone calls.

ものごとをまとめるのがうまいです。	I'm good at organizing things.
営業に向いています。	I'm good at sales.
人と接する仕事に向いています。	I'm good at working with people.
ものを教えるのは得意です。	I'm good at teaching.
プレゼンテーションが得意です。	I'm good at making a presentation.
機械の操作は苦手です。	I'm not good at using machines.
電話に出るのは苦手です。	I'm not good at answering phone calls.
人と接する仕事は苦手です。	I'm not good at working with people.
営業には向いていません。	I'm not good at sales work.
交渉ごとが苦手です。	I'm not good at negotiation.
一人作業には向いていません。	I'm not good at working alone.
共同作業には向いていません。	I'm not good at working in a group.

◎科目・分野・技術

数学が得意です。	I'm good at Math.
国語が得意です。	I'm good at Japanese.
理系が得意です。	I'm good at Math and Science.

文系が得意です。	I'm good at Social Studies and Literature.
暗記には自信があります。	I'm good at memorizing.
論理的なことに向いています。	I'm good at logical thinking.
クリエイティブなことが得意です。	I'm good at creative work.
スピーチが得意です。	I'm good at making speeches.
数字に弱いです。	I'm bad at numbers and figures.
計算は不得意です。	I'm bad at calculating numbers.
文章を書くことは苦手です。	I'm not good at writing sentences.

◉性格的に得意なこと・苦手なこと

話し上手です。	I'm good at talking. / I'm a good talker.
聞き上手です。	I'm good at listening. / I'm a good listener.
人付き合いは得意です。	I'm good at socializing.
人前に出ることは得意です。	I'm good at participating in front of people.
自己主張が得意です。	I'm good at expressing myself.
手先が器用です。	I'm good with my hands.
手先は不器用です。	I'm not good with my hands./I'm all thumbs.

※「器用・不器用」に関しては、"good with"を使います。

発展4 能力と特技

口下手です。	I'm not good at talking. / I'm not a good talker.
聞き上手ではありません。	I'm not good at listening. / I'm not a good listener.
人前に出ることは苦手です。	I'm not good at participating in front of people.
整理整頓は苦手です。	I'm not good at organizing things.
自分の意見を言うことは苦手です。	I'm not good at stating my opinions.
自己主張が下手です。	I'm bad at expressing myself.
感情表現が下手です。	I'm bad at expressing my emotions.
集団行動が苦手です。	I'm not good at group activities.

発展 ❺ 希望と願望

① 欲しいもの・欲しくないもの Disk2 31

基本パターン

Q **What do you want now?** 「今、何が欲しいですか」

A **I want a car.** 　　　　　　「車が欲しいです」
　I don't want a big car. 「大きい車は欲しくありません」

Point

①自分が欲しいものについて説明するときは"I want + 欲しいもの（名詞）"のかたちを使います。単数のときは名詞の前にa/anを付けます。

②否定形は"I don't want + 名詞"になります。

◉何が欲しいですか

| 誕生日に何が欲しいですか。 | What do you want for your birthday? |
| クリスマスに何が欲しいですか。 | What do you want for Christmas? |

◉欲しいもの：服や身に付けるもの

新しい服が欲しいです。	I want new clothes.
冬服が欲しいです。	I want winter clothes.
春服が欲しいです。	I want spring clothes.

夏服が欲しいです。	I want summer clothes.
秋服が欲しいです。	I want autumn clothes.
新しいスーツが欲しいです。	I want a new suit.
パーティー用のドレスが欲しいです。	I want a party dress.
靴が欲しいです。	I want a pair of shoes.
皮のブーツが欲しいです。	I want a pair of leather boots.
ミュールが欲しいです。	I want a pair of mules.
サンダルが欲しいです。	I want a pair of sandals.
プラダのバックが欲しいです。	I want a Prada handbag.
アクセサリーが欲しいです。	I want jewelry.
ピアス/イヤリングが欲しいです。	I want pierced-earrings/earrings.
シルバーのアクセサリーが欲しいです。	I want silver jewelry.

●欲しいもの：パソコン・電化製品・車

パソコンが欲しいです。	I want a PC.
ノート型パソコンが欲しいです。	I want a laptop computer.
MDプレイヤーが欲しいです。	I want a MD player.
ポータブルMDプレイヤーが欲しいです。	I want a portable MD player.
ビデオデッキが欲しいです。	I want a video player.
DVDプレイヤーが欲しいです。	I want a DVD player.

新しい車が欲しいです。	I want a new car.

◉欲しいものいろいろ

時間がもっと欲しいです。	I want more time.
自由な時間がもっと欲しいです。	I want more free time.
休む時間が欲しいです。	I want time to rest.
休みが欲しいです。	I want more vacation time.
まとまった休みが欲しいです。	I want a long vacation.
友達が欲しいです。	I want friends. /I want to have friends.
恋人が欲しいです。	I want a boyfriend/girlfriend.
お金が欲しいです。	I want money.
仕事がもっと欲しいです。	I want more work.

◉欲しくないもの

これ以上、仕事は欲しくないです。	I don't want anymore work.
トラブルはもうたくさんです。	I don't want anymore trouble.

② やりたいこと　Disk2 32

基本パターン

Q **What do you want to do?**　「何がしたいですか」
What would you like to do?　「何がしたいですか」

　　　　　　　　　　　　　　　　　　　　○丁寧な訊き方

発展 5 希望と願望

A I want to go shopping. 「私は買い物に行きたいです」
　I would like to take a trip. 「旅行に行きたいです」
　I would love to go to Hawaii. 「ぜひハワイに行きたいです」
　I wish to stay home. 「できれば家にいたいです」

Point

①やりたいことについて話すときの基本表現は"I want to+動詞"です。丁寧な言い方は"I would（＝I'd）like to+動詞"、強い希望を表すときは"I'd love to+動詞"、そして願望を表すときは"I wish to+動詞"のかたちを使います。

②「…したくありません」という否定のかたちは、"I don't want to+動詞"です。

　　I don't want to go out. 「外出したくありません」

◎何がしたいですか

今、何がしたいですか。	What do you want to do now?
一番したいことは何ですか。	What do you want to do most?
今晩、何がしたいですか。	What do you want to do tonight?
明日、何がしたいですか。	What would you like to do tomorrow?
今週末、何がしたいですか。	What would you like to do this weekend?
何が食べたいですか。	What do you want to eat? /What would you like to have?
何が買いたいですか。	What do you want to buy?

何が見たいですか。	What do you want to see?
どこに行きたいですか。	Where do you want to go?
誰と行きたいですか。	Who do you want to go with?
今、時間とお金があったら何がしたいですか。	What would you like to do if you had time and money?

◉のんびり休みたいです

家でのんびりしたいです。	I want to stay home and relax.
家で休みたいです。	I want to rest at home.
身体を休めたいです。	I want to rest my body.
ひたすら寝たいです。	I just want to sleep.
一日中、テレビが見たいです。	I want to watch TV all day.
仕事から解放されたいです。	I want to be freed from work.

◉外出したいです

外に出たいです。	I want to go out.
買い物に行きたいです。	I want to go shopping.
新しい服が買いたいです。	I want to buy new clothes.
映画が見たいです。	I want to go to the movies.
ウィンドウショッピングがしたいです。	I want to go window-shopping.
おいしいものを食べに行きたいです。	I want to go out and eat something delicious.

発展 5 希望と願望

おしゃれなレストランに行きたいです。	I want to go to a nice restaurant.
友達と飲みに行きたいです。	I want to go drinking with my friends.
友達とカラオケに行きたいです。	I want to go to karaoke with my friends.
散歩がしたいです。	I want to go for a walk.
スポーツがしたいです。	I want to do sports.
ドライブに行きたいです。	I'd like to go for a drive.
ロックコンサートに行きたいです。	I'd love to go to a rock concert.

◉人と過ごしたいです

家族水入らずの時間を過ごしたいです。	I want to spend some time with my family.
友達に会ってゆっくり話がしたいです。	I want to meet and talk with my friends.
友達とパーっと騒ぎたいです。	I'd love to do something exciting with my friends.
恋人と一緒にいたいです。	I'd like to spend time with my boyfriend/girlfriend.
デートをしたいです。	I'd like to go on a date.

◉旅行がしたいです

旅行がしたいです。	I want to take a trip.

温泉に行きたいです。	I want to go to a hot springs.
海外旅行がしたいです。	I want to travel abroad.
できれば世界を旅してみたいです。	I wish to travel around the world.
東南アジアに行きたいです。	I'd like to visit East Asian countries.
車でアメリカを横断したいです。	I want to drive across America.
一ヶ月ぐらいハワイで過ごしたいです。	I want to stay in Hawaii for about a month.
ニューヨークの自由の女神を見てみたいです。	I'd like to see the Statue of Liberty in New York.
ヨーロッパを周ってみたいです。	I wish to travel across Europe.
フランスのルーブル美術館に行ってみたいです。	I'd like to visit the Louvre in France.
イタリアでブランド物をたくさん買いたいです。	I'd love to go to Italy and buy a lot of designer goods.
自然が多いところに行きたいです。	I'd like to go somewhere in the country.
海がきれいなところに行きたいです。	I'd like to go somewhere with a beautiful beach.

発展 5 希望と願望

3 将来の夢・希望・願望 Disk2 33

基本パターン

Q **What do you want to do in the future?**
「将来、何をしたいですか」

What would you like to do in the future?
「将来、何をしたいですか」 ○丁寧な訊き方

A **I want to study abroad.** 「私は留学したいです」
I would like to live abroad. 「私は海外に住みたいです」
I want to be a teacher. 「私は教師になりたいです」
I want to be able to speak English.
「英語が話せるようになりたいです」
My dream is to become fluent in English.
「私の夢は英語を話せるようになることです」

Point

① 自分の夢や希望について話すときは"I want/would like to + 動詞"を用います。

②「…になりたいです」と言いたいときは"I want to be a/an + なりたいもの（名詞）"のかたちを使います。

③「…ができるようになりたいです」と言いたいときは"I want to be able to + 動詞"のかたちを用います。

④「私の夢は…です」の表現は"My dream is to + 動詞"です。

●将来、何をしたいですか

将来、何をしたいですか。　　　What do you want to do in the future?

将来、何になりたいですか。	What do you want to be in the future?
将来の夢は何ですか。	What is your future dream?
将来の目的は何ですか。	What is your future goal?

◈希望や願望

英語を流暢に話せるようになりたいです。	I want to be fluent in English.
英語で言いたいことを伝えられるようになりたいです。	I want to be able to express myself in English.
英語の基礎を学びたいです。	I want to study the basics of English.
英語をマスターしたいです。	I'd like to master English.
字幕なしで映画がわかるようになりたいです。	I want to be able to understand the movies without the subtitles.
仕事の経験を積みたいです。	I want to gain work experiences.
経済的に独立したいです。	I wish to be economically independent.
何か新しいことを始めたいです。	I'd like to start something new.
教師の資格を取りたいです。	I want to be a certified teacher.
もっと体力をつけたいです。	I want to gain more stamina.
やせたいです。	I want to lose weight.
自分の世界を広げたいです。	I want to broaden my world.

いろいろな人に会いたいです。	I want to meet many different kinds of people.
もっと自分に自信をつけたいです。	I wish to have more self-esteem.
いろいろなことにチャレンジしたいです。	I'd like to try many different things.
自分をレベルアップさせたいです。	I want to improve myself.

◉将来の夢・やりたいこと・なりたいもの

英語を使う仕事がしたいです。	I'd like to have a job that involves English.
語学関連の仕事がしたいです。	I'd like to do language-related work.
海外で働きたいです。	I'd like to work abroad.
海外に住むのが夢です。	My dream is to live abroad.
通訳になるのが夢です。	My dream is to become an interpreter.
弁護士になりたいです。	I want to be a lawyer.
しっかりとキャリアを積みたいです。	I want to build my career.
自分の店を持つのが夢です。	My dream is to have my own shop.
お給料のいい会社で働きたいです。	I want to work for a company where the pay is good.

クリエイティブなことがしたいです。	I want to do something creative.
自分に合った仕事を見つけたいです。	I want to find a job that suits me.
自分の家を持ちたいです。	I want to have my own house.
お金持ちになりたいです。	I want to be rich.
健康で長生きしたいです。	I wish to be healthy and live a long life.
夢は結婚をして家庭を持つことです。	My dream is to get married and have a family.
いい奥さんになりたいです。	I'd like to be a good wife.
結婚しても仕事は続けたいです。	I wish to continue working even after I get married.
結婚したら仕事はやめたいです。	I want to quit working after I get married.

発展 5 希望と願望

発展 ⑥ 誘う・提案する

① 何をしようか相手に問いかける Disk2 34

基本パターン

What shall we do?	「何をしましょうか」
Where shall we go?	「どこに行きましょうか」

Point

「何をしましょうか」、「どこに行きましょうか」と相手にたずねるときは、"What/Where shall we+動詞?" を使います。何をしたいのか相手の意向をたずねるときは "What do you want to do?" を使います(「希望と願望」の章の「やりたいこと」を参照)。

何をしましょうか。	What shall we do?
どこに行きましょうか。	Where shall we go?
何を食べましょうか。	What shall we eat?
どこに夕飯を食べに行きましょうか。	Where shall we go and have dinner?
どこに買い物に行きましょうか。	Where shall we go shopping?

② 誘う・提案する Disk2 35

基本パターン

Do you want to go out?	「出かけない?」

Would you like to go out?	「出かけませんか」
Let's go out.	「出かけましょう」

Can I see you on Sunday?	「日曜日に会えますか」
How about going to the movies?	「映画に行くというのはどうでしょう」
Why don't we go shopping?	「買い物に行かない？」/「買い物はどう？」
Shall we go to Yokohama?	「横浜に行きましょうか」

発展 6 誘う・提案する

Point

①人を誘う場合の基本表現は"Do you want to/Would you like to+動詞?"です。「…をしましょう」とストレートに誘うときは、"Let's+動詞"を使います。

②「会えるか、会えないか」、「都合がつくか、つかないか」など、可能性をたずねるときは"Can/Could you+動詞?"のかたちを使います。

③「…はどう？」と提案するときは"How about+名詞/動詞ing?"のかたちを使います。また、"Why don't we+動詞?"を使って「…をしてみませんか」と提案することもできます。

④"Shall we+動詞?"は「…しましょうか」という提案の表現です。

255

◉出かけませんか

今晩、出かけない？	Do you want to go out this evening?
今夜、会えますか。	Can I see you tonight?
明日、暇ですか。	Are you free tomorrow?
土曜日は大丈夫ですか。	Can you make it on Saturday?
今度、一緒に出かけませんか。	Would you like to go out with me sometime?
ランドマークプラザにしませんか。	Why don't we go to Landmark Plaza?
ドライブに行きませんか。	How about going for a drive?
一緒にパーティーに行きませんか。	Would you like to go to a party with me?
近いうちに会いましょう。	Let's get together sometime in the near future.
今度またみんなで会いましょう。	Let's all get together sometime.

◉食事をしませんか

今度、食事をしませんか。	Would you like to have dinner with me sometime?
ディナーを食べに行きましょう。	Let's have dinner one evening.
一緒にランチを食べませんか。	Would you like to join me for lunch?
お茶を飲まない？	Do you want to go and have a cup of coffee?

お茶はどう？	How about coffee?
今度、お茶でも飲みに行きましょう。	Let's go and have a cup of coffee sometime.
おいしいものを食べに行きましょう。	Let's go and have something delicious.
フランス料理でも食べに行きましょう。	Why don't we go and have French food?
新しいお店を試してみましょうか。	Shall we try the new restaurant?
今度、飲みに行きませんか。	Would you like to go drinking with me one evening?
ピザでも頼みましょうか。	Shall we order pizza?
出前を頼みましょうか。	Shall we order food in?

◉買い物・映画・コンサート・スポーツ

一緒に買い物に行きましょう。	Let's go shopping together.
渋谷に買い物に行きませんか。	Would you like to go shopping in Shibuya?
映画に行かない？	Do you want to go to the movies?
「スターウォーズ」はどう？	How about "Star Wars"?
一緒にクラシックのコンサートに行きませんか。	Would you like to go to the classical concert with me?
今度の週末、テニスをしませんか。	Would you like to play tennis with me this weekend?

発展 6 誘う・提案する

今度、一緒にプールに行きませんか。	Would you like to go to the pool sometime?
今度、一緒にゴルフをしましょう。	Let's play golf sometime.

●旅行

今度の休みに温泉に行きませんか。	Would you like to go to a hot springs on your next holiday?
温泉に行ってのんびりしましょう。	Why don't we go to a hot springs and relax.
河口湖はどうでしょう。	How about Lake Kawaguchi?
国内の一泊旅行はどうでしょう。	How about taking an overnight trip somewhere nearby?
一緒にキャンプに行きませんか。	Would you like to go camping together?
夏休みに一緒にハワイに行きましょう。	Let's go to Hawaii during the summer vacation.
安い沖縄のツアーがあるんですが、一緒に行きませんか。	There's a cheap tour to Okinawa. Are you interested?

●うちに招く

今度うちに遊びに来てください。	Please come to my place sometime.
今度うちに遊びに来ませんか。	Would you like to come to my place sometime?
うちで会うのはどうでしょう。	How about meeting at my place?

今度の土曜日にうちでパーティーをするのですが来ませんか。	Would you like to come to our home party on Sunday?

3 誘いを受ける　Disk2 36

いいですよ。	OK.
もちろん。	Sure.
ぜひとも。	Why not?
はい、ぜひ。	I'd like to.
はい、よろこんで。	I'd love to.
そうしたいです。	I do./I would. ※ "Do you...?"/"Would you...?" の質問に対して。
はい、そうしましょう。	Yes, let's do that.
それはいいですね。	That sounds good.
それでいいです。	That's sounds good to me. /Sounds good to me.
声をかけてくれてありがとう。	Thank you for asking me.
誘ってくれてありがとう。	Thank you for inviting me.
そこまで言うのなら…。 (あまり乗り気ではない)	If you insist.
どうしてもって言うのなら…。 (あまり乗り気ではない)	If you want me to.

4 誘いを断る　Disk2 37

悪いけれど行けません。	I'm afraid I can't.

発展 6 誘う・提案する

申し訳ないけれど行けません。	I'm sorry, but I can't go.
残念ですがその日は都合が悪いです。	I'm afraid I can't make it that day.
その日は別の予定が入っています。	I'm afraid I already have other plans that day.
そうしたいけれどできません。	I want to, but I can't./I'd like to, but I can't.
都合がつけばよかったのですが残念です。	I wish I could, but I can't.
やめておきます。	I'd rather not.
遠慮しておきます。	I'd better not.
いいえ、それは気が進みません。	No, I don't./No, I wouldn't. ※"Do you …?"/"Would you …?" の質問に対して。
いいえ、けっこうです。	No, thank you.
残念です。	Too bad.
私は別のことがしたいです。	I'd rather do something else.
いずれにせよ、誘ってくれてありがとう。	Thank you for asking anyway.

5 断る理由を述べる　Disk2 38

基本パターン

Sorry, I can't because I'm tired.

「疲れているから行けません」

I'd better not because I'm not feeling well.
　　　「体調が悪いのでやめておきます」
Sorry, I can't go because I have work.
　　　「仕事があるので行けません」
Sorry, I can't make it because I have to work.
　　　「仕事をしなくてはならないので都合がつきません」

Point

①断る理由を説明する場合、まず、"Sorry, I can't,「行けません」"と、断る意思を伝えてからbecause...「どうしてかと言うと…」と理由を続けます。

②断る理由として「…があるから」と言うときは"I have+名詞"、「…をしなくてはならないので」と義務を表すときは"I have to+動詞"のかたちを使います。

会社に行かなくてはなりません。	I can't go because I have to go to the office.
会議があるので行けません。	I can't go because I have a meeting.
その日は別の予定があります。	I already have other plans that day.
今月は予定がつまっています。	My schedule is full this month.
学校があります。	I have school.
部活があります。	I have club.

発展6　誘う・提案する

塾があります。	I have cram school.
宿題があります。	I have homework.
試験勉強をしなくてはなりません。	I have to study for the test.
友達と会うことになっています。	I'm meeting my friend.
デートがあります。	I have a date.
疲れているので。	I'm tired.
体調が悪いので。	I'm not feeling well.
はっきりとした予定がまだわからないので。	I'm not sure about my schedule.
家にいなくてはならないので。	I have to stay home.
家の掃除をしなくてはならないので。	I have to clean the house.
悪いけれどあまり興味がないので。	Sorry, but I'm not interested.
時間がないので。	I don't have time.

6 別の曜日を提案する Disk2 39

基本パターン

How about next Friday?	「金曜日はどうですか」
I'm free on the 25th.	「25日はあいています」
I'm free on Saturday.	「土曜日はあいています」
I'm free in the morning.	「午前中はあいています」

I'm free from nine to eleven in the morning.
　　　　　　　　　　　「午前9時から11時まであいています」

Point

①別の日時を提案するときは、"How about+曜日・時間帯?"を使います。

②「(曜日・時間帯)ならあいています」と言うときは、"I'm free+曜日・時間帯"になります。曜日の前にはonを、morning(午前)、afternoon(午後)、evening(晩)の前にはin theを付けましょう。「…時から…時まで」の時は、"from...to..."を使います。

土曜日はどうですか。	How about Saturday?
来週はどうですか。	How about next week?
日曜日ならあいています。	I'm free on Sunday.
30日は大丈夫です。	I'm free on the thirtieth.
来週の火曜ならあいています。	I'm free next week Tuesday.
午前中だったら大丈夫です。	I'm free in the morning.
午後はずっとあいています。	I'm free all afternoon.
3時から5時まであいています。	I'm free from three to five.
7時以降ならあいています。	I'm free after seven.
平日だったら夜の方がいいです。	Evening would be better if it's on a weekday.
金曜日の夜だったらあいています。	I'm free on Friday evening.

発展6 誘う・提案する

7 具体的な待ち合わせの日時を決める　Disk2 40

基本パターン

Let's meet in Yokohama.	「横浜で会いましょう」
Let's meet on Sunday.	「日曜日に会いましょう」
Let's meet around noon.	「お昼ごろ会いましょう」

Point

「(時間・場所)にしましょう」は"Let's meet..."を使います。

◉いつ・どこで会いましょうか

待ち合わせはいつにしましょうか。	When shall we meet?
時間はどうしましょうか。	What time shall we meet?
どこで会いましょうか。	Where shall we meet?

◉時間と曜日を決める

今度の日曜日にしましょう。	Let's meet next Sunday.
お昼過ぎに会いましょう。	Let's meet a little past noon/after lunch.
3時にしましょう。	Let's make it three.
5時半ごろにしましょう。	Let's meet around five-thirty.
夜、会いましょう。	Let's meet in the evening.

◉場所を決める

迎えに来てくれますか。	Can you pick me up?

車で迎えに行きます。	I'll pick you up by car.
電車で行きます。	I'll go by train.
桜木町駅はわかりますか。	Do you know Sakuragicho Station?
桜木町駅にしますか。	Shall we meet at Sakuragicho Station?
出口は一つです。	There is only one exit.
出口は二つありますが、東口のほうにしましょう。	There are two exits. Let's meet at the East Exit.
改札で会いましょう。	Let' meet by the ticket gate.
駅前は混むのでやめておきましょう。	Let's not meet in front of the station because it's crowded.
改札を出たところにしましょう。	Let's meet outside the ticket gate.

●待ち合わせの日時に同意する

それでいいです。	OK.
いいと思います。	Sounds good.
いいですね。	Sounds perfect.

●時間と場所の確認

それで大丈夫ですか。	Is that OK with you?
では土曜日の5時ごろ迎えに行きます。	I'll pick you up around five on Saturday.

発展 6 誘う・提案する

では日曜日の3時半に横浜で会いましょう。	See you at three-thirty in Yokohama on Sunday.
仕事が終わったら電話します。	I'll call you after I finish work.
当日、確認のため電話します。	I'll call you that day to make sure.
万が一、都合が悪くなったら電話をください。	Please call me if you can't make it.
では当日会いましょう。	See you then.
会えるのを楽しみにしています。	I'm looking forward to seeing you.

発展 ⑦ 何かを頼む・許可する・禁止する

1 頼みごとをする　Disk3 01

基本パターン

Q Will you open the door?　　　　　　○気軽な頼み方
「ドアを開けてくれますか」/「ドアを開けてくれる？」

Can you close the door?
「ドアを閉めてもらえますか」/「ドアを閉めてもらえる？」

Would you make a copy, please?　　○比較的丁寧な言い方
「コピーをとってくださいますか」

Could you anwer the phone?
「その電話に出ていただけますか」

Would you mind opening the door?　　○丁寧な頼み方
「ドアを開けてもらってもよろしいでしょうか」

Do you mind closing the door for me?
「ドアを閉めてもらってもよろしいでしょうか」

A Yes, of course.　　　「はい、もちろん」
Sorry, I can't.　　　「ごめんなさい。それはできません」

Point

① 人に何かをお願いするときの基本表現は "Would/Could you+動詞?" です。このとき、文末またはWould/Could you に続けて please を付けると丁寧な印象を与えます。

② 「…してもらってもよろしいでしょうか」を表す、"Would you mind -ing?/Do you mind -ing?" を使うときは動詞にing

を付けることを忘れないようにしましょう。このとき、「ええ、かまいませんよ」と言うときは、"No, I don't mind."で答えましょう。

③「手間を取らせて悪いけれど」と一言添えたいときは文の始めに"Sorry to trouble you, but..."と言ってから頼む内容を続けましょう。

  Sorry to trouble you, but could you check it for me?
          「悪いけれど調べてくれませんか」

④ "Please+動詞"も直接的に何かを頼むときに使われます。

  Please pass me the salt.
        「塩を取ってください」/「塩を取って」

⑤動詞から文章を始めると命令文になります。

  Pass me the salt.   「塩を取って」

◈頼みごとを切り出す

ちょっとお願いがあるのですが。	Can I ask you a favor?
お願いがあるのですが、いいですか。	Would you do me a favor?
お願いしたいことがあるのですが。	I have a favor to ask.
→ どうぞ。	Yes, go ahead.
→ 何？	Yes, what is it?

●室内で

窓を開けてくれる？	Can you open the window?
窓を閉めてくれる？	Can you close the window, please?
換気をしてくれない？	Can you open the windows to let in some fresh air?
電気を消して。	Turn off the lights.
電気をつけて。	Turn on the lights.
出かけるときは電気を消しておいて。	Please turn off the lights when you go out.
つけたままにしておいて。 （電気・電化製品を）	Please leave it on.
開けたままにしておいて。 （窓・ドアなどを）	Please leave it open.
それを取ってくれない？	Could you pass that over?
テレビをつけてくれる？	Can you turn on the TV?
テレビを消してくれる？	Could you turn off the TV?
（音・温度を）上げてくれる？	Please turn it up.
（音・温度を）下げてくれる？	Please turn it down.
寝る前に暖房/冷房を止めておいて。	Be sure to turn off the heater/ air conditioner before you go to bed.

●ちょっとした用事を頼む

ゴミを出してくれる？	Can you take out the garbage for me?

発展 7　何かを頼む・許可する・禁止する

出かけるついでにゴミを出しておいて。	Please take out the garbage on your way out.
戸締りをきちんとしておいてくれる？	Could you lock up for me?
食事の後片付けをしておいてくれる？	Could you do the dishes for me, please?
洗濯物をとり込んでくれる？	Would you take in the laundry for me?
食料の買い出しに行ってくれない？	Could you please go food shopping for me?
ちょっとコンビニまでお使いに行ってくれない？	Can you just run down to the convenience store?
ちょっと送ってもらえない？	Do you mind giving me a lift?
駅まで送ってもらえない？	Can you take me to the station?
駅まで迎えに来てもらえない？	Can you pick me up at the station?
手紙を出しておいてくれる？	Will you post the letter for me?

●職場で

これをやってくれませんか。	Could you please do this?
これをやっておいてくれませんか。	Could you please finish this up?
コピーをとってくれますか。	Can you please make copies?
各ページのコピーを2枚ずつとってくれますか。	Could you please make two copies of each page?

コピー紙を補給しておいてくれますか。	Can you put more copy paper in the copy machine?
これをパソコンに入力しておいてくれますか。	Would you enter this on the PC?
お客さまにお茶を出してくれますか。	Would you please serve coffee to the guests?
先方に連絡してくれますか。	Would you mind calling him/her for me?
この件を確認しておいてくれませんか。	Would you please check this for me?
これをファイルに閉じてくれますか。	Can you file them? /Can you put these in a file?

●学校で

授業のノートを見せてくれない？	Can you show me your notes from the class?
試験範囲を教えてもらえない？	Can you please tell me what the test will be on?
教科書を貸してもらえない？	Could you lend me the textbook?

●頼みごと全般

ちょっと手伝ってくれない？	Would you help me, please?
私の代わりにやってくれない？	Could you do it for me?
もし私が忘れていたら思い出させて。	Please remind me.
ちょっと時間をつくってもらえない？	Would you please make some time for me?

しばらく一緒にいてくれない？	Can you keep me company?
話を聞いてもらえない？	Could you please listen to my story?
どう思うか聞かせてくれない？	Could you tell me what you think about it?
アドバイスをしてくれない？	Can you give me some advice?
ちょっと待ってもらえる？	Would you mind waiting a little?
今、何時か教えてくれる？	Can you give me the time?
それを貸してもらえない？	Can you lend it to me?
彼/彼女の電話番号を教えてくれない？	Can you give me his/her phone number?

2 言われたことを引き受ける・断る　Disk3 02

●引き受ける

はい、いいですよ。/もちろん。	Yes, of course.
もちろん。	Certainly.
わかりました。	All right.
いいよ。	Sure.
いいですよ。	Sure thing.
はい、気をつけます。	OK. I'll be careful.
喜んで。	With pleasure.
はい。	OK.

はい、やっておきます。	OK, I'll do it.
今すぐやります。	I'll do it right away.
後でやります。	I'll do it later.
時間はかかるかもしれませんがやります。	It might take some time, but I'll do it.
友達に訊いてみます。	I'll ask my friend.

◉断る

申し訳ありませんができません。	Sorry, I can't.
できません。	No, I can't.
やりません。	No, I won't.
残念ながらできません。	I'm afraid I can't.
やりたくありません。	I'd rather not.
悪いけれど今、忙しいです。	I'm afraid I'm busy now.
悪いけれど今、ちょっと手が離せません。	I'm afraid I'm all tied up now.
悪いけれど今、時間がありません。	I'm afraid I don't have time.
悪いけれど今、ちょっと急いでいます。	I'm sorry I'm in a hurry.
申し訳ありませんが、わかりません。	I'm sorry I don't know.
申し訳ありませんが、それはまだ使っています。	I'm sorry I'm still using it.
他の人に頼んでください。	Please ask someone else.

③ 許可を求める　Disk3 03

基本パターン

Q May I borrow your pen?　　　　　　　○気軽な訊き方
「ペンを借りてもいいですか」/「ペンを借りてもいい？」

Could I make a copy?　　　　　　　○比較的丁寧な訊き方
「コピーをとってもよろしいですか」

Do you mind if I smoke?
「タバコを吸ってもよろしいでしょうか」

Is it OK to use the PC?
「パソコンを使ってもかまいませんか」

Is it all right for me to come to the party?
「私がパーティーに行ってもよろしいのでしょうか」

A Yes, you may.　　　　　　「ええ、どうぞ」
Sorry, you can't.　　　　　「悪いけれど遠慮してください」

Point

①相手に許可を求めるときの基本パターンは"May/Can I+動詞?"です。

②"Could I (possibly)+動詞?"「…してもよろしいでしょうか」も丁寧な訊き方として使われます。

③「…してもかまわないでしょうか」、「…してもよろしいですか」を表す、"Do you mind if I+動詞?"、"Is it OK to+動詞?"、"Is it all right for me to+動詞?"も許可を求めるときに使われる表現です。

◉家で

先にお風呂に入ってもいい？	Can I take a bath first?
9時からドラマを見てもいい？	May I watch the drama from 9 o'clock?
チャンネルを変えてもいい？	Can I change the channel?
明日、友達を家に呼んでもいい？	Is it OK to invite some friends tomorrow?
明日の夜、出かけてもいい？	Is it all right for me to go out tomorrow night?
今、電話を使ってもいい？	May I use the phone now?

◉職場で

先にパソコンを使ってもいいですか。	Could I use the PC first?
それは山田さんにお願いしてもいいですか。	Could I ask Mr. Yamada to do it for me?
今日、早退してもいいですか。	Could I possibly leave early today?
明日お休みしてもいいですか。	Could I possibly take a day off tomorrow?
休暇を3日いただけますか。	Could I possibly have three days off?

◉物を借りる・使う

その本を借りてもいいですか。	May I borrow that book?
傘を借りてもいいですか。	Can I borrow an umbrella?

発展 7
何かを頼む・許可する・禁止する

電話をお借りしてもいいですか。	May I borrow your phone?
車を使ってもいいですか。	May I use the car?

◉相手の承諾を求めるその他の表現

入ってもいいですか。	May I come in?
質問してもいいですか。	Can I ask you a question?
今、話をしてもいいですか。	Can I talk to you now?
少し、お話がしたいのですが。	Could I have a few words with you?
今から行ってもいいですか。	Can I come over now?
後で行ってもいいですか。	Can I come over later?
失礼させていただいてもいいですか。	May I be excused? /Could I be excused?
お先に失礼してもよろしいでしょうか。	May I leave early?
もう行ってもいいでしょうか。	May I go now?
座ってもいいですか。	May I sit down?
トイレに行ってもいいですか。	May I go to the bathroom?
名前で呼んでもかまいませんか。	Do you mind if I call you by your first name?

④ 許可を出す・出さない

Disk3 04

◉許可を出す

はい、いいですよ。	Yes, you may.

はい、どうぞ。	Yes, you can.
どうぞ。	Go ahead.
もちろん。	Of course. / Certainly.
はい、かまいません。	No, I don't mind. ※直訳すると「いいえ、気になりません」という意味なので No を使うこと。
はい、いいですよ。	Yes, it's OK. / Yes, it's all right.
もし、そうしたいなら。	If you like.
そうしたければどうぞ。	As you wish.
そう言い張るのなら。	If you insist.
どうしてもと言うのなら。	If you must.

●断る

それはご遠慮ください。	No, you may not.
それはしないでください。	No, you can't.
悪いけれどやめてください。	I'm afraid you can't.
悪いけれどそれは遠慮してください。	I'm afraid not.
できればやめてほしいです。	I'd rather you don't.
いいえ、絶対にだめです。	No, of course not.
気になるのでやめてください。	Yes, I do mind.
いいえ、よくありません。	No, it's not all right.
それはやめて。	Please don't.

⑤ 禁止する・注意をうながす　Disk3 05

基本パターン

Please don't smoke in this room.
「この部屋でタバコを吸わないでください」
Please stop talking.　「おしゃべりをやめて」
You mustn't park here.　「ここに車を停めてはいけません」
You shouldn't take pictures here.
「ここで写真を撮ってはいけません」

Point

① 「…をしないで」と何かを禁止するときの基本表現は"Don't/Please don't+動詞"です。

② "Please stop"の場合は"Please stop+動詞ing"のかたちになります。

③ "You must not（＝mustn't）/You should not（＝shouldn't）/You aren't supposed to+動詞"は、「それをやってはいけません」と注意するかたちで相手の行為を止める表現です。

◎何かをやめるように言う

電気をつけっぱなしにしないで。	Don't leave the lights on.
ドアを開けっぱなしにしないで。	Please don't leave the door open.
夜遅くに電話しないでください。	Don't call me late in the evening.
長電話しないでください。	Please don't talk a long time on the phone.

もう連絡しないでください。	Please don't call me anymore. /Stop calling me.
この辺に車を停めてはいけません。	You aren't supposed to park around here.
これはさわらないで。	Don't touch this.
これは動かさないで。	Don't move this.
使いっぱなしにしないで。	Please don't leave it out after you use it.
それはやめてください。	Please don't do that. /Please stop doing that.
忘れないでください。	Please don't forget.
遅れないで。	Don't be late.
文句を言わないで。	Don't complain.

◉注意をうながす

時間通りに来てください。	Please come on time.
約束通りに連絡してください。	Please call me as you promised.
約束を守ってください。	Please keep your word.
前もって連絡してください。	Please call beforehand. /Please call in advance.
来られないときは連絡してください。	Please let me know if you can't come.
アポイントメントを取ってから来てください。	Please make an appointment first before you come.

発展 7 何かを頼む・許可する・禁止する

279

早めにお返事をください。	Please answer me as soon as possible.
きちんと聞いてください。	Please listen carefully.
私の話を聞いてください。	Listen to me.
静かにしてください。	Please be quiet.
一人にしてください。	Please leave me alone. /Could you leave me alone?
少しの間、私たちだけにしてください。	Could you excuse us for a minute?
使ったらもとの場所に戻しておいてください。	Please put it back where it was after you use it.

◉注意されたら

すみません。	Sorry.
ごめんなさい。気がつきませんでした。	Sorry I didn't know.
はい、わかりました。	OK.
わかりました。	I got it.
わかりました。やめます。	All right, I won't.
今すぐやめます。	I'll stop right now.
気をつけます。	I'll be careful.
これから注意します。	I'll be careful from now on.
どうして？	Why?
理由を説明してください。	Please explain why.
悪いけれどそれはできません。	Sorry, but I can't do that.

発展 ❽ 感情を表現する

基本パターン

I feel happy.　　　　　　　「私は嬉しいです」
I'm angry.　　　　　　　　「私は怒っています」

Point

①感情や気持ちを表す基本表現は、feel（感じる）という動詞を使って、"I feel+形容詞"です。

②また、"I'm＋形容詞"のかたちも自分の感情・状態を表すときに使われます。

③「…は楽しいです」、「…を楽しんでやっています」と表現するときは、"I enjoy..."を使います。

④過去の感情・状態を表現するとき、動詞/Be動詞は過去形に変えて言いましょう。

　　I feel happy.「嬉しいです」→
　　　　　　　　　　I felt happy.「嬉しかったです」

　　I'm tired.「疲れています」→
　　　　　　　　　　I was tired.「疲れていました」

1 プラスの感情・状態を表現する　Disk3 06

◉喜びの一言

やった〜!　　　　　　　　Yeah!

わ〜い!	Wow!
ラッキー!	Lucky!
嬉しい!	Happy!
よかった〜!	I'm so glad!
夢みたい!	It's like a dream!
最高!	This is great!
ついにやった!	I finally did it!
人生で最高の日です!	It's the best day of my life!
ついに夢がかないました!	My dream has finally come true!
まだ信じられません!	I still can't believe this!
嬉しいです。感激です!	I feel happy. /I feel so happy!
すごく嬉しいです!	I'm delighted!
気分は最高です!	I feel great!

◉嬉しいです・喜んでいます

夢がかなって嬉しいです。	I feel happy that my dream has come true.
仕事をしているときが楽しいです。	I feel happy when I'm working.
友達と会っているときが楽しいです。	I feel happy when I'm with my friends.
英語が上達して嬉しいです。	I feel happy that my English is improving.

彼に出会えて幸せです。	I feel happy that I met him.
あなたから連絡をもらって嬉しかったです。	I was happy to hear from you.
いい知らせを聞いて喜びました。	I was happy to hear the good news.
プレゼントをもらって大喜びしました。	I was delighted to receive the present.
彼女が結婚すると聞いて喜びました。	I was glad to hear about her marriage.
息子/娘の大学合格を聞いて喜びました。	I was happy that my son/daughter was accepted at college.
彼が就職したと聞いて私まで嬉しくなりました。	I was happy to hear that he found a job.

●充実感

毎日とても充実しています。	I enjoy my life.
やる気があります。	I feel motivated.
充実しています。	I feel fulfilled.
満足しています。	I feel satisfied.
特に不満はありません。	I feel content.
自信があります。	I feel confident.
友達に恵まれてありがたいと思っています。	I feel lucky that I have many supportive friends.
仕事にやりがいを感じます。	I feel motivated about work.

仕事で達成感を感じます。	I feel a sense of accomplishment in my work.
今の仕事に満足しています。	I'm satisfied with my work.
自分に自信があります。	I have self-esteem.

●安らぎ

気持ちが楽です。	I feel at ease.
ホッとしています。	I feel relieved.
落ち着いています。	I feel calm.
安心しています。	I feel secure.
気持ちが安らいでいます。	I feel at peace.
リラックスしています。	I feel relaxed.
くつろいでいます。 居心地がいいです。 気が休まります。	I feel comfortable.
毎日に余裕があります。	I have time to enjoy life.
一人でいると気が楽です。	I feel at ease when I'm alone.
試験が終わったので ホッとしました。	I feel relieved because the exams are over.
家にいると気が休まります。	I feel comfortable at home.
一人で部屋にいると 落ち着きます。	I feel calm when I'm by myself in my room.
恋人といると安心します。	I feel secure when I'm with my boyfriend/girlfriend.

ヒーリング音楽を聴くと気持ちが安らぎます。	I feel at peace when I listen to healing music.
ゆっくりとお風呂に入るとリラックスします。	I feel relaxed when I take a long bath.

◉楽しみ・気分転換

ウキウキしています。	I feel excited.
デートのことを考えるとウキウキします。	I feel excited when I think about my date.
旅行をすると気分がリフレッシュできます。	I feel refreshed when I travel.
休みが今から待ち遠しいです。	I can't wait until my next holiday.
クリスマスまで待てません！	I can hardly wait until Christmas!

◉おもしろい・おかしい

おかしい！	Funny!
それは笑える！	That's funny!
それは興味深い！	That's interesting!
おかしくて笑いが止まりませんでした。	It was so funny that I couldn't stop laughing.
みんなで大笑いしました。	We all laughed and laughed.

◉感動

感動しました。心を動かされました。	I was moved.

感動しました。感心しました。印象的でした。	I was impressed.
胸を打たれました。	I was touched.
感銘を受けました。	I was inspired.
ピカソの絵を見て感動しました。	I was impressed with Picasso's painting.
ピアノの演奏に胸を打たれました。	I was touched by the piano performance.
ヘミングウェイの小説を読んで感銘を受けました。	I was inspired by Hemingway's novel.
自然の雄大さに感動しました。	I was moved by the greatness of nature.
親の愛情に深く感動しました。	I was deeply touched by my parents' love.
彼の努力と一生懸命さに心を打たれました。	I was deeply impressed with his effort and hard work.

2 マイナスの感情・状態を表現する　Disk3 07

●怒りの一言

もうたくさん！	That's it!
もういや！	I had it!
いい加減にして！	I've had enough! /Enough is enough!
もうがまんできない！	I can't stand it anymore!

がまんも限界！	I can't tolerate this!
うそでしょう！	Give me a break!
頭にきた！	I had a fit!
もううんざり！	I'm sick of it!/I'm fed up!
もうやっていられない！	I can't do this anymore!
もう限界！	That's the limit!
こんなの不公平！	It's not fair!
こんなの馬鹿げている！	It's ridiculous!
こんなのむちゃくちゃ！	It doesn't make sense!
それは腹が立つ！	That's annoying!
それはひどい！	That's terrible!

● 怒り・いらだち・あせり

イライラしています。	I feel irritated./I feel frustrated.
怒っています。	I'm angry.
頭にきています。	I'm upset.
とても怒っています。	I'm furious.
あせっています。	I feel impatient.
切羽詰っています。	I feel desperate.
何もかもうまくいかなくてイライラしています。	I feel so irritated because nothing goes right.

発展 8 感情を表現する

みんな私に何もかも押し付けるので頭にきます。	I feel upset because people dump everything on me.
みんな自分勝手で頭にきます。	I'm angry because everybody is selfish.
彼/彼女を見るとイライラします。	He/She gets on my nerves.
思うようにことが運ばなくてあせっています。	I feel impatient because nothing is working out right.
解決できなくて切羽詰まっています。	I feel desperate because I can't find a solution.

●寂しい・つらい・悲しい・苦しい

寂しいです。	I feel lonely.
悲しいです。	I feel sad.
つらいです。	It's painful.
たいへんです。苦しいです。	It's hard for me.
みじめです。	I feel miserable.
絶望的です。	I have no hope.
ぼろぼろです。	I'm devastated.
バカみたいです。	I feel foolish.
利用されたみたいです。	I feel used.
一人だけ取り残された気がします。	I feel left behind.
疎外感があります。	I feel left out.
途方に暮れています。	I feel completely lost.

一人ぼっちで寂しいです。	I feel lonely because I'm all alone.
悲しくて涙が止まりません。	I feel so sad I can't stop crying.
つらくてつらくてしょうがありません。	I'm in so much pain.

◉がっかりしました・傷つきました

がっかりしています。	I'm disappointed.
あなたにはがっかりです。	I'm disappointed in you.
傷ついています。	I'm hurt.
友達に裏切られて傷ついています。	I'm hurt because my friend betrayed me.
友達の一言に傷つきました。	I was hurt by my friend's comment.
友達に誤解されて悲しいです。	I feel sad because my friend misunderstood me.

◉落ち込み・不安・自信喪失

落ち込んでいます。	I feel down.
気持ちが沈んでいます。	I feel blue.
うつになっています。	I feel depressed.
ストレスで参っています。	I'm totally stressed out.
燃え尽きてしまっています。	I'm burned out.
いろいろと迷っています。	I'm confused about many things.

自信がないです。	I don't have confidence.
心細いです。	I feel insecure.
毎日を楽しむ余裕がないです。	I have no time to enjoy life.
落ち着きません。居心地が悪いです。	I feel uneasy./It's unsettling.
プレッシャーを感じます。	I feel pressure.
緊張しています。	I feel nervous.
行き詰まっています。	I'm up against a wall.
何をしてもうまくいかなくて落ち込んでいます。	I feel depressed because nothing works out right.
将来に不安を感じます。	I'm worried about my future.
就職が決まるまで落ち着きません。	It's unsettling until I find a job.
周りの期待に応えなくてはとプレッシャーを感じます。	I feel pressure to meet people's expectations.
自分の力のなさに、はがゆさを感じます。	I feel frustrated with myself for not being able to do it.

◉驚きの一言

ええっ?!	Oh dear!/Oh my!
ええっ、何?!	What?!
本当?!	Really?!
まさか!	It can't be!
信じられない!	Unbelievable!

すごい！	Incredible!
ええっ、彼がそんなことを？！	Did he really?!
ええっ、彼女がそんなことを？！	Did she really?!
そんなの信じない！	I don't believe you!
突然どうして？	Why so suddenly?
どうして突然そんなことを言うの？	Why are you saying this all of a sudden?
それはショックですね！	That's shocking!
それは驚きですね！	That's surprising!

◉驚き・ショック・動揺

驚きました。	I was surprised.
ショックでした。	I was shocked.
とてもびっくりしました。	I was astonished.
寝耳に水でした。	It was out of the blue.
動揺しました。	I was startled.
信じられません。	I can't believe this.
ショックで言葉を失いました。	I was so shocked that I was completely speechless.
いまだにショックから立ち直れません。	I still can't recover from the shock.
二人が付き合っていると聞いて驚きました。	I was surprised to hear that those two were going together.

発展 8 感情を表現する

彼が仕事を辞めたと聞いてショックでした。	I was shocked to hear that he had quit his job.
彼女にいきなり別れようと言われて動揺しました。	I was surprised when she suddenly said she wanted to break up.

発展 ⑨ 悩みを相談する・励ます・アドバイスをする

1 不調の原因を簡単に説明する Disk3 08

基本パターン

I'm having trouble with my job.
「仕事のトラブルを抱えています」
Things aren't going well. 「物事がうまくいっていません」
I don't get along with my boss. 「上司と合いません」

Point

① 「…のトラブルがある」の基本表現は"I'm having trouble with…"です。「…で悩んでいます。困っています」という意味でも使われます。

② 「…がうまくいっていない」は"…isn't/aren't going well."です。

③ 「…と仲が悪い」、「…と合わない」と言うときは、"I don't get along with + 人"になります。

※「健康上の悩み」については「体調を説明する」の章を参照してください。

●仕事関係の悩み

| 仕事がうまくいっていません。 | Work isn't going well. |
| 仕事がつまらないです。 | Work is boring. /I'm not enjoying my work. |

仕事がきついです。	The work is difficult.
仕事にやりがいを感じません。	The work is not challenging.
今の仕事に向いていません。	I'm not geared for what I'm doing now.
今の仕事に満足していません。	I'm not satisfied with my work.
自分のやりたい仕事を任せてもらえません。	They don't let me do the job I want to.
職場がごたごたしています。	I'm having trouble at work. ※「職場」という場所で問題があるということなので、withではなくてatを使います。
会社があぶないです。	The company is going down.
会社を辞めたいです。	I want to quit my job.
条件のいい仕事が見つかりません。	I can't find a job with good working conditions.
資格がないので仕事が見つかりません。	I can't get a job because I don't have the proper qualifications.
経験がないので仕事が見つかりません。	I can't get a job because I don't have enough experience.
仕事が減りました。	We don't have as much work as before.
左遷になりました。	I was transferred to a smaller branch office.
会社をくびになりました。	I was fired.

◉仕事が忙しすぎます

仕事仕事で、もうクタクタです。	I'm exhausted from working and working.
仕事が忙しくて休む暇がありません。	I have no time to rest because of work.
忙しくて自分の時間がまったく持てません。	I'm so busy that I have no time of my own.
忙しすぎてストレスがたまっています。	I'm stressed out because I'm too busy.
仕事が山積みです。	I'm loaded down with work.

◉勤務・労働条件の悩み

勤務時間が長いです。	I have to work long hours.
勤務時間が不規則です。	The working hours are irregular./I don't have a fixed working schedule.
残業が多いです。	I have to do a lot of overtime (work).
休みが少ないです。	I only have a few days off.
給料が安いです。	The pay is low.
ボーナスが少ないです。	The bonus is low.
福利厚生が整っていません。	The company benefits aren't good.
通勤がたいへんです。	Commuting is hard.

発展 9 悩みを相談する・励ます・アドバイスをする

◉生活・金銭的な悩み

生活が苦しいです。	I'm economically unstable.
収入が少ないです。	I don't have much income.
収入が不安定です。	I don't have a stable income.
金銭トラブルがあります。	I have money trouble.
車のローンの返済をしなくてはなりません。	I have to pay back the car loan.
家のローンを返済しなくてはなりません。	I have to pay the mortgage on my house.
どのようにして生計を立てるか頭を悩ませています。	I worry about how to make a living.
節約する必要があります。	I have to economize.
何かと出費がかさみます。	There are many expenses to cover.

◉学校・進路についての悩み

学校の勉強が嫌いです。	I don't like schoolwork.
成績が上がらなくて悩んでいます。	I'm having trouble with schoolwork.
学校の勉強が遅れています。	I'm behind in my schoolwork.
学校で友達ができません。	I can't make friends at school.
先生とのコミュニケーションがほとんどありません。	There is hardly any communication with the teacher.

進路について悩んでいます。	I don't know what to do after I graduate.
大学に進もうかどうか悩んでいます。	I don't know whether I should go to college.
どの学校に行こうか悩んでいます。	I don't know which school I should go to.
進学するか就職するか迷っています。	I don't know whether I should go to college or get a job.
就職が決まりません。	I can't get a job.

◉ 人間関係の悩み

友達がいません。	I have no friends.
本当の友達がいません。	I don't have any true friends.
悩みを相談できる人がいません。	I have no one to talk to about my problems.
学校で/職場でいじめられています。	I'm being bullied at school/work.
職場での人間関係がうまくいっていません。	I'm having trouble with the people at work.
いつも自分だけ浮いています。	I don't fit in any group.
上司と合いません。	I don't get along with my boss.
同僚と合いません。	I don't get along with my co-workers.
職場の上の人に怒られてばかりです。	I'm always being scolded by my supervisor.

親との仲が悪いです。	I don't get along with my parents.
義理の両親と仲が悪いです。	I don't get along with my in-laws.
親からの愛情を感じません。	I don't feel loved by my parents.
親/息子/娘ともめています。	I'm having trouble with my parents/son/daughter.
結婚生活がうまくいっていません。	My marriage isn't working.
恋人とうまくいっていません。	I'm having trouble with my boyfriend/girlfriend.
親/友達/恋人とケンカをしました。	I had a fight with my parents/friend/boyfriend/girlfriend.

◉心の悩み

※「感情を表現する」の「マイナスの感情・状態を表現する」の欄も参照してください。

やりたいことが見つかりません。	I can't find what I want to do.
何をやったらいいのかわかりません。	I don't know what I want to do.
やる気が湧きません。	I can't feel motivated.
生きる目的が見つかりません。	I can't find a purpose in life.
自分の世界がどんどん狭くなっていきます。	My world is getting smaller and smaller.
自分の居場所がありません。	I don't belong anywhere.

誰も自分のことをわかってくれません。	Nobody understands me.
周りの期待に応えようとすることに疲れました。	I'm tired of trying to meet people's expectations.
何をやってもうまくいきません。	Nothing goes well.
自分で自分がわかりません。	I can't get a hold of myself.
自分に自信がありません。	I don't have self-esteem.
同じ間違いを繰り返しているような気がします。	I feel like I'm just repeating the same mistakes.
毎日機械的に生きているだけです。	I'm just going through the motions.
毎日が同じことの繰り返しでつまらないです。	I'm getting tired of the same routine.
何をやっても長続きしません。	I can't stick with anything that I try.
何をやっても身につきません。	I can't accomplish anything.

② 悩みを聞く　Disk3 09

たいへんですね。つらいでしょう。	That must be hard for you.
傷ついたでしょう。	That must have hurt you.
その気持ち、痛いほどよくわかります。	I know exactly how you feel.
人生、いろいろなことがありますよね。	Life can be hard/difficult.
人生、そういうときもありますよ。	That's part of life.

発展 9　悩みを相談する・励ます・アドバイスをする

いろいろな人がいますからね。	There are all kinds of people in this world.
私も似たような経験があります。	I've had a similar experience, too.
みんなそれを乗り越えていくものです。	We all have to go through this.
気持ちを言葉にするのは難しいですよね。	It's difficult to verbalize your feelings.
気持ちを相手に伝えるのは難しいですよね。	It's not easy to express your feelings to others.
なかなか自分の思うようにはいきませんよね。	It doesn't always work out the way you want.
いろいろと誤解があるのかもしれません。	There might be some misunderstanding.
タイミングがかみ合わないときがありますよね。	There are times when the timings are all off.

③ 励ます Disk3 10

※簡単な励ましのフレーズは「あいさつと簡単なやりとり」の章の「基本的な励まし」を参照してください。

大丈夫ですよ。	It'll be all right.
心配しないで。	Don't worry.
あきらめないで。	Don't give up.
がんばって。	Hang in there.
気楽に。	Take it easy.

肩の力を抜いて。	Loosen up.
きっと道が開けますよ。	You'll find a way.
乗り越えられますよ。	You'll be fine.
あなたならできます。	You can do it.
最終的にはうまくいきますよ。	It'll work out in the end.
もう少しの辛抱です。	Be patient.
一人ではないから。	You're not alone.
私がついているから。	I'm always here.
希望を失わないで。	Don't lose hope.
応援していますから。	I'm cheering for you.
自分に自信を持って。	Have confidence in yourself.
自分の時期がきっと来ますから。	Your time will come.
ものごとは時間がかかりますから。	Things take time.
人生、まだこれからですよ。	You have a whole life ahead of you.
人生、悪いことばかりではないですよ。	There are good things in life, too.
人生、無駄はないですから。	There is a reason for everything.
その経験によって、きっと大きく成長しますよ。	All the experiences will make you a bigger, better person.

発展9　悩みを相談する・励ます・アドバイスをする

4 アドバイス　Disk3 11

(基本パターン)

Why don't you talk to someone? 「誰かに相談してみたら?」
It might be a good idea to talk to someone.
　　　　　　「誰かに相談したほうがいいかもしれません」
You should take a day off. 「休みを取ったら?」
You must see a doctor. 「お医者さんに行かなくてはダメですよ」

Point

① 「…してみたらどうですか」と提案するときは、"Why don't you+動詞?"になります。

② 「…はいいかもしれません」、「…したほうがいいかもしれません」と言うときは、"It might be a good idea to+動詞"を使います。

③「…したほうがいいですよ」、「…しなくてはダメですよ」とアドバイスをするときは、"You should/had better/must+動詞"のかたちになります。また、「…しないほうがいいですよ」と言うときはshouldn't/mustn'tという否定のかたちを使います。

　　You shouldn't worry too much. 「悩み過ぎないように」

　　You mustn't sleep late. 　　　　「夜更かししちゃダメですよ」

④動詞の原形で文章を始め、直接的なアドバイスをすることもできます。「…しないように」と注意するときは"Don't..."で文章を始めます。

Take a good rest.	「ゆっくり休んで」
Don't overwork.	「働き過ぎないように」

◉あせらずに様子をみましょう

様子をみて。	Wait and see how it will go.
時期を待って。	Wait for the right time.
自然の流れに身をまかせて。	Go with the flow.
あまり思い詰めないで。	Don't worry too much.
結論をあせらずに。	Don't jump to conclusions.
一歩一歩、ゆっくりと。	Take one step at a time.
時間をかけて。	Take it slow.

◉人に相談しましょう

信頼できる人に相談して。	Talk to someone you can trust.
友達に話したら?	Why don't you talk to your friend?
友達に訊いてみたら?	Why don't you ask your friend?
親に相談したほうがいいかもしれません。	It might be a good idea to talk to your parents.
上司/先生に訊いたほうがいいかもしれません。	It might be a good idea to ask your boss/teacher.
上司/先生に相談したほうがいいですよ。	You should talk to your boss/teacher about it.

正直な気持ちを話したほうがいいですよ。	You should express your honest feelings.
専門家に相談したほうがいいですよ。	You should talk to a counselor.
自分の気持ちをはっきり言わないとダメですよ。	You must clearly say how you feel.
一人で抱え込まないで。	You mustn't carry the burden alone.

◈新しいことにチャレンジしてみましょう

何か新しいことを始めてみたら？	Why don't you try something new?
新しい趣味を始めてみたら？	Why don't you take up a new hobby?
何かサークルに入ったらどうですか。	Why don't you join some kind of group?
カルチャーセンターがいいかもしれません。	It might be a good idea to join the culture center.
通信講座がいいかもしれません。	It might be a good idea to take a correspondence course.
イメージチェンジしてみたら？	Why don't you try and change your image?
そうしたら新しい友達もできますよ。	You can make new friends.
そうしたら出会いもありますよ。	You will meet new people.
外に出る機会もできますよ。	It will give you a chance to go out.

そうしたら世界も広がりますよ。	It will help you expand your world.
新たな発見があるかもしれません。	You might find something interesting.

◉気分転換をしましょう・身体を休めましょう

休んだほうがいいですよ。	You should rest.
休養を取らないとダメですよ。	You have to rest.
休暇を取ったらどうですか。	Why don't you take a vacation?
もっと外に出て人に会ったほうがいいですよ。	You should go out more often and meet people.
旅行をしたらどうですか。	Why don't you take a trip?
温泉にでも行ってのんびりしたらどうですか。	Why don't you go to a hot springs and relax?
少し仕事を減らしたほうがいいかもしれません。	It might be a good idea to cut down on your work.
もう少しのんびりしたほうがいいですよ。	You should slow down a little.
自分の時間を持ったほうがいいですよ。	You should have your own time.

◉健康に気を遣いましょう

食べ過ぎに注意しましょう。	You shouldn't overeat.
飲み過ぎに注意しましょう。	You shouldn't drink too much.

タバコはやめたほうがいいですよ。	You should quit smoking.
野菜をもっと食べたほうがいいですよ。	You should eat more vegetables.
運動をしたほうがいいですよ。	You should exercise more.
間食は避けたほうがいいですよ。	You mustn't eat snacks between meals.
規則正しい生活をしたほうがいいですよ。	You should stick to a steady routine.
医者に行くことを勧めます。	I advise you to go to the doctor.

●その他のアドバイス

仕事を変えたほうがいいですよ。	You should change jobs.
仕事を辞めたほうがいいですよ。	You should quit your job.
節約することを勧めます。	I advise you to economize.
無駄遣いをやめたほうがいいですよ。	You should stop wasting money.

発展 ⑩ 感想・意見を述べる

基本パターン

Q How was the party?　　「パーティーはどうでしたか」

A It was fun.　　「おもしろかったです」

Point

①感想をたずねるときの基本パターンは"How was the + 名詞?"です（固有名詞の場合はtheは必要ありません）。話の主題がお互いにわかっているときは、"How was it?"で「どうでしたか」、「どうだった？」と訊くことができます。

②過去の出来事の感想を述べるときは"It was + 形容詞"で答えます。

１ 感想をたずねる　Disk3 12

どうでしたか。	How was it?
旅行はどうでしたか。	How was the trip?
ホテルはどうでしたか。	How was the hotel?
サービスはどうでしたか。	How was the service?
景色はどうでしたか。	How was the view?
天気はどうでしたか。	How was the weather?
食事はどうでしたか。	How was the food?

レストランはどうでしたか。	How was the restaurant?
雰囲気はどうでしたか。	How was the atmosphere?
値段はどうでしたか。	How was the price?
映画はどうでしたか。	How was the movie?
演技はどうでしたか。	How was the acting?
本はどうでしたか。	How was the book?
ストーリーはどうでしたか。	How was the story?
コンサートはどうでしたか。	How was the concert?
公演はどうでしたか。	How was the performance?

② 全体の感想を述べる　Disk3 13

●よかったです

よかったです。	It was good./It was nice.
なかなかよかったです。	It was quite good.
楽しかったです。	It was fun.
おもしろかったです。	It was fun and interesting.
すばらしかったです。	It was wonderful./It was fabulous./It was marvellous.
最高でした。	It was perfect.
感動しました。	It was moving.
心を動かされました。	It was touching.
感心しました。	It was impressive.

圧倒的でした。	It was overwhelming.
興奮しました。	It was exciting.
わくわくしました。	It was thrilling.
豪華でした。	It was gorgeous.
きれいでした。	It was beautiful.
満足しました。	It was satisfying.
予想していたより、よかったです。	It was better than I expected.
いい経験でした。	It was a good experience.
楽しい時間を過ごせました。	I had a nice time. /I had a good time.

◎まあまあでした

まあまあでした。	It was so-so.
普通でした。	It was OK.
平均点です。	It was average.
悪くなかったです。	It wasn't bad.
よくも悪くもありませんでした。	It was neither good nor bad.

◎悪かったです

悪かったです。	It was bad.
ひどかったです。	It was awful.
さんざんでした。	It was terrible.

つまらなかったです。	It was boring.
くだらなかったです。	It wasn't worth it.
時間の無駄でした。	It was a waste of time.
お金の無駄でした。	It was a waste of money.
たいくつでした。	It was dull.
疲れました。	It was tiring.
がっかりしました。	It was disappointing.
期待はずれでした。	I expected more.

◉さまざまなコメント

笑えました。	It was funny. /It was humorous.
心が温まりました。	It was heart-warming.
泣けました。	It was sad.
怖かったです。	It was scary.
芸術的でした。	It was artistic.
想像的でした。	It was imaginative.
情熱的でした。	It was passionate.
クリエイティブでした。	It was creative.
引き込まれました。	It was fascinating.
知的でした。	It was intellectual.
奥が深かったです。	It was deep.

説得力がありました。	It was convincing.
迫力がありました。	It was powerful. /It was dynamic.
劇的でした。	It was dramatic.
底が浅かったです。	It was shallow.
嘘っぽかったです。	It wasn't believable.

③ 具体的な感想を述べる Disk3 14

基本パターン

Q What kind of restaurant was it?
「どんなレストランでしたか」

A It was a nice restaurant.
The food was good.
「いいレストランでした」
「料理がおいしかったです」

Point

① 「どんな…でしたか」とたずねるときは "What kind of+名詞+was it?" を使います。

② 答えるときは "It was…" を使います。具体的なことや物に対する感想を述べるときは、"The トピック(名詞)+was+形容詞" になります。

◉質問：「どんな…でしたか」

どんな映画でしたか。	What kind of movie was it?
どんな本でしたか。	What kind of book was it?
どんな街でしたか。	What kind of city was it?

発展 10 感想・意見を述べる

どんなホテルでしたか。	What kind of hotel was it?

◉店・レストラン・食事

おしゃれなレストランでした。	It was a fancy restaurant.
アットホームなレストランでした。	It was a cozy restaurant.
雰囲気がよかったです。	The atmosphere was good.
店内がしゃれていました。	The interior was chic.
料理がおいしかったです。	The food was good.
サービスがよかったです。	The service was good.
値段が良心的でした。	The prices were reasonable.
雰囲気が悪かったです。	The atmosphere was bad.
料理がまずかったです。	The food wasn't good.
店員の感じが悪かったです。	The staff was mean and rude.
高くてまずかったです。	It was expensive and the food was bad.

◉映画

コメディーでした。	It was a comedy.
アクション映画でした。	It was an action picture.
ホラーでした。	It was a horror movie.
ロマンス映画でした。	It was a romance picture.
刑事ものでした。	It was a detective movie.
話の筋がおもしろかったです。	The story line was interesting.

ストーリーが感動的でした。	The story was moving.
脚本がよかったです。	The screenplay was good.
演技がよかったです。	The acting was good.
演出がよかったです。	The directing was good.
カメラワークがよかったです。	The camera work was good.
アクションシーンに迫力がありました。	The action scenes were exciting.
映像がきれいでした。	The scenery was beautiful.
話がつまらなかったです。	The story was boring.
演技が下手でした。	The acting was bad.

●本

最後まで一気に読みました。	It was a page-turner.
物語の展開がおもしろかったです。	The build-up of the story was interesting.
テーマがよかったです。	The theme was good.
表現が的確でした。	The descriptions were clear and precise.
文章にリズムがありました。	The sentences had rhythm.
心理描写がよかったです。	The description of the emotions was good.
風景の描写が鮮やかでした。	The description of the scenery was vivid.
比喩がうまいです。	The metaphors were good.

発展10 感想・意見を述べる

詩的な表現がきれいでした。	The poetic expressions were beautiful.
表現がくどかったです。	The expressions were redundant.
終わりが今ひとつでした。	The ending wasn't good.

●旅先

伝統的な街でした。	It was a traditional city.
文化的な街でした。	It was a cultural city.
刺激的な街でした。	It was an exciting city.
ごみごみした街でした。	It was a crowded city.
きれいな街でした。	It was a beautiful city.
街の雰囲気がおしゃれでした。	The atmosphere of the city was nice.
自然の風景がきれいでした。	The natural scenery was beautiful.
海がきれいでした。	The beach was beautiful.
人は気さくで親切でした。	The people were friendly and kind.
人はのんびりしていました。	The people were laid-back.
街は汚かったです。	The city was dirty.
物価が高かったです。	The prices were high.
物価が安かったです。	The prices were low.
また行きたいです。	I'd like to go there again.

もう行きたくありません。	I don't want to go there again.

●ホテル

ホテルはよかったです。	The hotel was good.
サービスは満点でした。	The hotel service was perfect.
きれいな部屋でした。	The room was nice.
部屋からの景色がきれいでした。	The view from the hotel room was lovely.
スタッフの感じがよかったです。	The hotel staff was nice and friendly.
温泉は広々としていました。	The hot spring was big and spacious.
露天風呂がよかったです。	The outdoor hot spring was nice.
設備が整っていました。	They had good facilities.
ホテルはまあまあでした。	The hotel was so-so.
ホテルはひどかったです。	The hotel was awful.
ホテルは古かったです。	The hotel was old.
部屋が狭かったです。	The room was small.
サービスが悪かったです。	The service was bad.

4 意見をたずねる・述べる

基本パターン

Q What do you think about it? 「どう思いますか」
How do you feel about it? 「どう感じていますか」

A I think it's important. 「大切だと思います」
I believe it's necessary. 「必要だと考えています」
I feel it's helpful. 「役立つと感じます」

Point

① 「どう思いますか」とたずねるときは "What do you think about it?" や "How do you feel about it?" を使います。

② 「あなたの意見は？」、「印象は？」と訊くときは "What's your opinion?"、"What's your impression?" を使います。

③ 「…だと思います」と答えるときは think（考える・思う）、believe（信じる）、feel（感じる）を使います。believe は強く思っている場合、feel は think より思う度合いが弱いときに用います。

④ 「私の意見は…」と述べる場合は、"In my opinion..." のあとに自分の意見を続けます。

　In my opinion, learning English is very important.
　「私の意見としては、英語を学ぶことは大切だと思います」

5 意見をたずねる Disk3 15

◎全体の意見をたずねる

どう思いますか。	What do you think about it?
どのような意見を持っていますか。	What's your opinion on it?
どのような印象を持っていますか。	What's your impression of it?
どのような感想を持っていますか。	How do you feel about it?
どう思いましたか。	What did you think about it?
どう気に入りましたか。	How did you like it?
どのような印象を持ちましたか。	What was your impression of it?
どのような感想を持ちましたか。	How did you feel about it?

◎具体的な分野の意見をたずねる

日本の英語教育についてどう思いますか。	What do you think about the English education in Japan?
IT(情報技術)についてどう思いますか。	What do you think about IT (Information Technology)?
国際化についてどう思いますか。	What do you think about globalization?
日本のリサイクル・システムについてどう思いますか。	How do you feel about Japan's recycling system?
介護保険についてどう思いますか。	How do you feel about the Elderly Health Care Insurance?

発展 10 感想・意見を述べる

6 意見を述べる Disk3 16

◉肯定的な意見

いいと思います。	I think it's good.
大事だと思います。	I think it's important.
必要だと思います。	I think it's necessary.
有意義だと思います。	I believe it's meaningful.
価値あることだと思います。	I believe it's significant.
効果的だと思います。	I believe it's effective.
有益なことだと思います。	I think it's beneficial.
実用的/合理的だと思います。	I think it's practical.
役に立つと思います。	I think it's useful.
助けになると思います。	I think it's helpful.
やる価値があると思います。	I think it's worthwhile.
便利だと思います。	I think it's convenient.
生産的だと思います。	I think it's productive.
機能的だと思います。	I think it's functional.
時間の節約になると思います。	I think it's time-saving.
真剣に取り組む必要があると思います。	In my opinion, it's important to take the matter seriously.

◉中立的な意見

将来の発展のために欠かせないと思います。	I feel it's essential for future development.

避けて通れないと思います。	I feel it's inevitable.
時代の流れだと思います。	I think it meets the needs of the times.
仕方がないと思います。	I think it can't be helped.
様子をみるしかないと思います。	I think you just have to see how it'll go.
一概には言えないと思います。	I feel it depends on the situation.

◉否定的な意見

よくないと思います。	I don't think it's good.
悪いと思います。	I think it's bad.
ひどいと思います。	I think it's terrible.
無意味だと思います。	I think it's meaningless.
筋が通っていないと思います。	I think it's unreasonable.
無益だと思います。	I think it's useless.
効果がないと思います。	I think it's ineffective.
効率が悪いと思います。	I think it's inefficient.
役に立たないと思います。	I don't think it's helpful.
時間の無駄だと思います。	I feel it's a waste of time.
お金の無駄だと思います。	I feel it's a waste of money.
実用的ではないと思います。	I feel it's impractical.
時代の流れに逆らっていると思います。	I believe it's going against the times.

納得できません。	It doesn't make any sense.
非生産的だと思います。	I believe it's unproductive.

7 相手の意見に同意する　Disk3 17

はい、私もそう思います。	Yes, I think so too.
あなたと同意見です。	I feel the same way, too.
あなたに同意します。	I agree with you.
あなたの意見に100%同意します。	I agree with you one hundred percent.
賛成です。	I totally agree with you. /I fully agree with you.
その通りです。	That's true.
あなたの言う通りです。	You are right.
まったくその通りです。	I couldn't agree with you more.
疑問をはさむ余地がありません。	There's no doubt about it.
言っていることはわかります。	I see what you mean.
部分的には賛成します。	I agree with you partially.

8 相手の意見に反対する　Disk3 18

いいえ、そうは思いません。	No, I don't think so.
そうは思っていません。	I don't feel that way.
同意できません。	I don't agree with you. /I disagree.

完全には賛成できません。	I can't agree with you fully.
その件に関しては、まったく同意できません。	I don't quite agree with you there.
そうではないと思います。	I don't think you are right.
それは違うと思います。	I think you are wrong.
もう一度よく考えてください。	Please think it over.

発展 10
感想・意見を述べる

The Perfect Book of Daily English Conversation

実践編 ❸

実践 ❶ 位置と道案内

1 人や物の位置を説明する　Disk3 19

基本パターン

Q Where are you now?　　「今、どこにいますか」

A I'm at the office.　　「事務所にいます」

Point

①相手の居場所をたずねるときは"Where are you?"を使います。

②「…にいます」と場所を示すときは"I am at+居場所"のかたちを使います。

③また、atの代わりにinを使って特定の室内、敷地内にいることを表すこともできます。国や都市名の前にはinを使います。

　I'm in my room.　　「自分の部屋にいます」

　I'm in Tokyo.　　「東京にいます」

④また、「…に行く途中」は"I am on my/the way to+目的地"になります。

◉自分の居場所を説明する

家にいます。　　I'm at home.

部屋にいます。　　I'm in my room.

本社にいます。	I'm at the main office.
東京にいます。	I'm in Tokyo.
横浜駅にいます。	I'm at Yokohama Station.
会社に行く途中です。	I'm on my way to work.
家に帰る途中です。	I'm on my way home.

※ home の場合は to はつけません。

② 道をたずねる　Disk3 20

Point

① 道をたずねるときは、マナーとして "Excuse me.（すみません）" と言ってから質問しましょう。それに続ける最も簡単なたずね方は "Where is + 行きたい場所?" です。

　　Excuse me. Where is the station?
　　　　　　　　　　「すみません。駅はどこですか」

② 目的地までの道順をたずねる表現には "How can I get to + 行きたい場所?"、"Can/Could you tell me how to get to + 目的地?" があります。

③ 「…までの行き方を知っていますか」と訊くときは、"Do you know how to get to + 行きたい場所?" を使います。「…の場所はわかりますか」とたずねるときは "Do you know where + 行きたい場所 + is?" です。

④ 「近くに/この辺に…はありますか」とたずねたいときは、"Is there...near here/around here?" を使います。

●駅/バス停/タクシー乗り場の場所をたずねる

道に迷ってしまいました。	I'm afraid I got lost./I'm lost.
すみません。駅はどこですか。	Excuse me. Where's the station?
地下鉄の駅はどこですか。	Where's the subway station?
バス停はどこですか。	Where's the bus stop?
バスターミナルはどこですか。	Where's the bus terminal?
タクシー乗り場はどこですか。	Where can I get a taxi?
一番近い電車の駅はどこですか。	How can I get to the nearest train station?
一番近い地下鉄の駅はどこですか。	How can I get to the nearest subway station?
切符売り場はどこですか。	Where's the ticket counter?/Where do I get a ticket?
改札はどこですか。	Where's the ticket gate?
案内所はどこですか。	Where's the information office?

●特定の場所までの行き方をたずねる

街の中心地に出るにはどうすればいいですか。	How can I get to town?
どうすれば大通りに出られますか。	How can I get to the main street?
中央駅までの行き方を教えてくださいませんか。	Could you please tell me how to get to Central Station?

観光案内所までの行き方を教えてください。	Can you tell me the way to the Tourist Office?
ボストンまで最も早く着く行き方を教えてください。	What's the fastest way to get to Boston?
飛行場まで一番簡単に行ける方法を教えてください。	What's the easiest way to get to the airport?
"Joe's Cafe"というレストランに行きたいのですがご存じですか。	Do you know how to get to a restaurant called "Joe's Cafe"?
セントラルホテルの場所はわかりますか。	Do you know where "Central Hotel" is?
この辺に公衆電話はありますか。	Is there a pay phone around here?
近くに公衆トイレはありますか。	Is there a lavatory near here?
この近辺に銀行はありますか。	Is there a bank in this neighborhood?
今、南駅にいるのですが、そちらへはどうやって行けばいいですか。(電話などで)	I'm at South Station. How do I get to your place from here?

③ 道案内をする　Disk3 21

Point

① 行きたい場所の具体的な位置を説明するときは、"It's next to...(…のとなり)"、"It's between A and B.(AとBのあいだ)"、"It's across from...(…の向かい)"などの表現を使います。

実践 1 位置と道案内

② "Go straight.（まっすぐ行ってください）"、"Turn right.（右に曲がってください）"のように、道順を説明するときは命令文で表現します。

③ 「…を右に/左に曲がってください」と言うときは、"Turn right/left at＋曲がる場所"を使います。

④ 「…が見えます」と、目印を説明するときは、"You will see＋目印"で表現します。「…に突き当たります」は"You will come to＋突き当たる場所"になります。

◉建物の場所を示す

すぐそこです。	It's over there.
そこにあります。	It's right there.
角を曲がったところにあります。	It's around the corner.
駐車場のとなりにあります。	It's next to the parking lot.
郵便局と銀行のあいだにあります。	It's between the post office and the bank.
スーパーの向かいにあります。	It's across from the supermarket.
デパートの反対側にあります。	It's opposite the department store.
駅の前にあります。	It's in front of the station.
駅の裏にあります。	It's behind the station.
それは右手にあります。	You will see it on your right.
それは左手にあります。	You will see it on your left.

◉道順を説明する

ここをまっすぐ行ってください。	Go straight ahead.
この道をまっすぐ歩いてください。	Walk straight ahead.
道に沿ってまっすぐ進んでください。	Walk along the street.
右に曲がってください。	Turn right.
左に曲がってください。	Turn left.
信号を渡ってください。	Cross at the signal light.
横断歩道を渡ってください。	Cross at the crosswalk.
交差点を渡ってください。	Cross the intersection.
2ブロック歩いてください。	Walk two blocks.
最初の角を右に曲がってください。	Turn right at the first corner.
突き当たりを左に曲がってください。	Turn left at the end of the road.
次の交差点を右に曲がってください。	Turn right at the next intersection.
二つ目の信号を左に曲がってください。	Turn left at the second signal light.
分れ道を右に行ってください。	Turn right at the fork.
踏み切りを渡ってください。	Go across the train tracks.
歩道橋に突き当たります。	You will come to a walkway.
右手にグレーの建物が見えてきます。	You will see a gray building on your right.

実践 1 位置と道案内

◉相手の説明が聞き取れなかった場合

聞き取れませんでした。	I didn't follow you.
よくわかりませんでした。	I didn't get it.
すみません。もう一度繰り返してください。	Would you please repeat that?

◉相手の説明に納得する

わかりました。	Now I understand.
よくわかりました。ありがとう。	I got it. Thank you very much.

◉訊かれた場所を知らない／行き方がわからない場合

すみません。わかりません。	Sorry, I don't know.
悪いけれどわかりません。	I'm afraid I don't know.
申し訳ありませんが、この辺のことは詳しくありません。	Sorry, I'm not familiar with this area.
他の人に訊いていただけませんか。	Could you ask someone else?
ツアーデスクで訊いてみてください。	Why don't you ask someone at the tour desk?
駅で訊いてみてください。	Why don't you ask someone at the station?

◉道案内で覚えておくと便利な表現

ここから遠いですか。	Is it far from here?
→ いいえ、遠くありません。	No, it isn't.

→ はい、少しあります。	Yes, it's a little far.
ここからどれぐらいかかりますか。	How far is it from here?
→ 数分です。	It's just a few minutes from here.
→ 歩いて5分です。	It's about five-minute walk from here.
→ 車で数分です。	It takes a few minutes by car.
どちらに曲がるのですか。	Which way do I turn?
どちらの方向に行くのですか。	Which way do I go?

◎目印や建物

信号	the signal/signal light traffic light(s)
二つ目の信号	the second signal
交差点	an intersection/a crossroad
横断歩道	a crossing
角	a corner
最初の角	the first corner
二つ目の角	the second corner
分岐点/分れ道	a junction/a fork
踏み切り/線路	a railroad crossing/train tracks
歩道橋	a walkway
橋	a bridge

実践1 位置と道案内

突き当たり	end of the road
看板	a sign
大きな建物	a big building
古い建物	an old building
ファーストフード・レストラン	a fast food restaurant
銀行	a bank
市役所	City Hall
学校	a school
スーパー	a supermarket
お土産屋	a souvenir shop

④ 交通機関によるアクセス Disk3 22

Point

① 「…に乗ってください」の基本表現は"Take the+乗る物"です。

② 「…で降りてください」はget offを使って、"Get off at+降りる場所"になります。

③ 「…で乗り換えてください」は、"Change/Transfer at+乗り換える場所"です。また、「…で降りて…に乗ってください」と言うこともできます。

> Get off at Tokyo and take the Chuo Line.
> 　　　　　　「東京で降りて中央線に乗ってください」

③「…行きの」は "bound for" で表します。

Take the train bound for Sakuragicho.
「桜木町行きの電車に乗ってください」

◉電車によるアクセスを説明する

電車に乗ってください。	Take the train.
東京行きの電車に乗ってください。	Take the train bound for Tokyo.
快速電車に乗ってください。	Take the express line.
各駅停車に乗ってください。	Take the local line.
1番線の電車に乗ってください。	Take the train from platform number one.
品川駅からJRに乗ってください。	Take the JR line from Shinagawa Station.
2番線から山の手線に乗ってください。	Take the Yamanote line from platform number two.
恵比寿で降りてください。	Get off at Ebisu.
恵比寿で乗り換えてください。	Change at Ebisu.
恵比寿から地下鉄に乗ってください。	Take the subway from Ebisu.
恵比寿で日比谷線に乗り換えてください。	Change to the Hibiya line at Ebisu.
六本木は二つ目の駅です。	Roppongi is the second stop.

◉駅に着いたら

階段を上がってください。	Go up the stairs.

実践1 位置と道案内

階段を降りてください。	Go down the stairs.
中央の階段を上がってください。	Go up the middle stairs.
東京寄りの階段を降りてください。	Go down the stairs towards Tokyo.
中央口を出てください。	Go out the central exit.
南口を出てください。	Go out the south exit.
北口を出てください。	Go out the north exit.
東口を出てください。	Go out the east exit.
西口を出てください。	Go out the west exit.

◉バス・タクシー

駅からバスに乗ってください。	Take the bus from the station.
駅前にバスターミナルがあります。	There's a bus terminal in the front of the station.
四谷行きのバスに乗ってください。	Take the bus bound for Yotsuya.
7番のバスに乗ってください。	Take the number seven bus.
駅前にタクシー乗り場があります。	There's a taxi stand in front of the station.
駅からタクシーに乗ってください。	Take the taxi from the station.

◉覚えておくと便利な駅でのやりとり

この電車は中央駅に停まりますか。	Does this train go to Central Station?

このバスは美術館まで行きますか。	Does this bus stop at the Art Museum?
→ はい、停まりますよ。/行きますよ。	Yes, it does.
→ はい、三つ目ですよ。	Yes, it's the third stop.
→ いいえ、停まりません。/行きませんよ。	No, it doesn't.
→ 2番線に乗ってください。	Take the train from platform number 2.
この電車は急行ですか。	Is this the express line?
この電車は各駅停車ですか。	Is this the local line?
→ はい、そうですよ。	Yes, it is.
→ いいえ、違います。	No, it isn't.
→ 急行は次の電車です。	The next train is the express train.
→ 急行は反対側のホームです。	Express lines leave from the opposite side of the platform.
急行はどこで乗るのですか。	Where do I get on the express line?
各駅停車は何番線ですか。	Where do I get on the local line?
→ 5番線に乗ってください。	Go to platform number five.
急行バスはどこで乗るのですか。	Where do I get on the express bus?
次の電車は何時ですか。	When is the next train?

実践 1 位置と道案内

次のバスは何時ですか。	When is the next bus?
→ 10分後に来ます。	It'll come in ten minutes.
→ 5時20分に来ます。	It'll come at five-twenty.
→ 5分おきに来ます。	It comes every five minutes.
南駅はいくつ目の駅ですか。	How many stops are there to South Station?
→ 次の駅です。	It's the next stop.
→ 三つ目の駅です。	It's the third stop.
→ A駅の次です。	It's after A Station.
南駅まで何分ですか。	How long does it take to South Station?
→ だいたい15分ぐらいです。	It takes about fifteen minutes. /It's about a 15-minute ride.
北駅までいくらですか。	How much does it cost to North Station?
→ 330円です。	It's three-hundred thirty yen.
→ 1ドル25セントです。	It's one dollar and twenty-five cents.
往復切符はいくらですか。	How much is a round-trip ticket?
片道はいくらですか。	How much is a one-way ticket?
→ 往復で12ドルです。	A round-trip ticket is twelve dollars.
→ 片道で6ドル75セントです。	A one-way ticket is six dollars and seventy-five cents

実践 ❷ 買い物をする

① デパートで売り場の位置をたずねる Disk3 23

Point

①デパートの「売り場」はdepartmentと言います。小さめの売り場はsectionと呼びます。

  Women's clothing department   「婦人服売り場」
  Handbag section   「かばん売り場」

②「…売り場はどこですか」と訊きたいときは"Where is+売り場名/買いたい物?"、または"Where can I find+売り場名/買いたい物?"でたずねます。"Where do you sell your...?（…はどこで売っていますか）"も同様に使われます。階数は、"What floor...?"を使ってたずねます。

③具体的な商品を売っているかたずねるときは、"Do you sell...?"を使います。

◉売り場の位置をたずねる

婦人服売り場はどこですか。	Where is ladies wear?
紳士服売り場はどこですか。	Where is the men's clothing department?
カジュアルウェアはどこにありますか。	Where can I find the casual wear section?
子供服売り場はどこですか。	Where can I find the children's clothing department?

アクセサリー売り場はどこですか。	Where do you sell your jewelry?
かばん売り場はどこですか。	Where can I find your handbag section?
靴売り場はどこですか。	Where is the shoe department?
財布はどこにありますか。	Where do you sell your wallets?
化粧品売り場はどこですか。	Where is the cosmetic section?
家庭用品はどこにありますか。	Where can I find houseware?
台所用品はどこにありますか。	Where can I find kitchenware?
ラルフローレンはどこにありますか。	What floor is Ralph Lauren?
グリーティングカードはどこにありますか。	Where do you sell your greeting cards?
文房具売り場はどこですか。	Where is the stationery section?

◉洗面所・電話の場所

お手洗いはどこですか。	Where is the bathroom?
公衆電話はどこですか。	Where is the pay phone?

◉売り場の位置の説明を受ける

それはあちらにございます。	It's over there.
この通路をまっすぐ行ってください。	Walk up this aisle.

あちらに向かって進んでください。	Walk down that way.
それは3階にあります。	It's on the second floor.
エレベーターに乗ってください。	Take the elevator.
エレベーターで地下まで降りてください。	Take the elevator to the basement.
エスカレーターに乗ってください。	Take the escalator.
エスカレーターで4階まで行ってください。	Take the escalator to the fourth floor.
階段を使ってください。	Take the stairs.
階段を上がってください。	Walk up the stairs.
階段を降りてください。	Walk down the stairs.
台所用品売り場をまっすぐ行ってください。	Go past the kitchenware section.
婦人服売り場の奥にあります。	It's behind the women's clothing department.

② お店で店員に声をかけられたら Disk3 24

Point

①お店に入ったら店員に"May I help you?"、"Can I help you?"と声をかけられます。見ているだけのときは、"Just looking."と言いましょう。続いて「何かありましたらお声をかけてください」"Call me if you need me."、"If you need me I'll be right here."などと言われる場合もあります。その時は"OK, thank you."と応えましょう。

② 「これを見せてください」の最も簡単な言い方は"Can I see this?"です。同じ意味合いで、"I'd like to see this."、"I want to see this."も使います。丁寧な言い方として、"Please show me/Would you please show me＋見たい物?"も使います。

③ 「これはおいくらですか」と訊きたいときは"How much is this?"とたずねましょう。具体的な商品の価格を訊くときは、"How much is＋買いたい物?"になります。

◉店員との簡単なやりとり

見ているだけです。 （May I help you?と訊かれて）	I'm just looking. /Just looking.
見て回っているだけです。	Just browsing.
すみません。ちょっといいですか。 （店員を呼びとめる）	Excuse me. Can you help me?
→ はい、どうぞ。	Certainly.
→ はい、何でしょうか。	Yes, what can I do for you?
これを見せてもらえますか。	Can I see this?
これを見せてください。	I want to see this. /I'd like to see this.
こちらのものを見せていただけますか。	Please show me this one over here.
こちらのピアスを見せてください。	Please show me these pierced-earrings.
あそこにあるバックを見せてください。	Would you please show me the handbag over there?

右側のものです。	The one on the right.
左側のものです。	The one on the left.
右から2番目のものです。	The one second from the right.
真ん中のものです。	The one in the middle.
これを買います。	I'll take this one. /I'll buy this one.
これをください。	Please give me this.
あれをください。	Please give me that one.
それを2つください。	Please give me two of them.

◈値段をたずねる

これはおいくらですか。	How much is this?
このバックはおいくらですか。	How much is this handbag?
これはセールですか。	Is it on sale?
手ごろな価格ですね。	It's reasonable.
お買い得ですね。	It's a good price. /It's a bargain.
私にはちょっと高いです。	It's a little too expensive for me.
予算オーバーです。	It's over my budget.

③ 買いたいものを説明する　Disk3 25

Point

①特定のものを探しているときの基本表現は "I'm looking for + 探しているもの" です。「誰々に」と言うときは文末に "for myself（自分用）" や "for my mother（母に）" と続けます。

②「買いたい」、「欲しい」の基本表現は "I'd like to buy／I want + 買いたい物" です。

③特定の品物があるかないかをたずねるときは、"Do you have + 品物?" を使います。

④色・素材は形容する名詞の前にきます。個数は最初に言います。

　　I'm looking for a cotton shirt.
　　　　　　　　　　「綿のシャツを探しています」

　　I'd like to buy a black sweater.
　　　　　　　　　　「黒のセーターが買いたいです」

　　I want two T-shirts.　　「Tシャツが2枚欲しいです」

⑤ズボンや靴、イヤリングなどは、「一組」を表す a pair of を使って表現することもあります。

●服を買う

Tシャツを探しています。	I'm looking for a T-shirt.
自分用にシャツを探しています。	I'm looking for a shirt for myself.
長そでのカットソーを探しています。	I'm looking for a long-sleeved top.

セーターを探しています。	I'm looking for a sweater.
ジーンズを探しています。	I'm looking for a pair of jeans.
パンツを探しています。	I'm looking for pants.
スカートを探しています。	I'm looking for a skirt.
ワンピースが欲しいです。	I'd like to buy a dress.
Vネックのセーターはありますか。	Do you have V-neck sweaters?
丸首のセーターはありますか。	Do you have round-neck sweaters?

●靴 / バック / 装飾品を買う

パンプスを探しています。	I'm looking for a pair of pumps.
ベージュのサンダルを探しています。	I'm looking for beige sandals.
スニーカーが買いたいです。	I'd like to buy sneakers.
ウォーキングシューズが買いたいです。	I'd like to buy a pair of walking shoes.
ヒールの低い靴を探しています。	I'm looking for low-heeled shoes.
ブーツを探しています。	I'm looking for a pair of boots.
小さいバックを探しています。	I'm looking for a purse.
バックを探しています。	I'm looking for a handbag.
リュックを探しています。	I'm looking for a knapsack/backpack.

母にアクセサリーを探しています。	I'm looking for jewelry for my mother.
友達にちょっとしたお土産を探しています。	I'm looking for a little souvenir for my friend.
自分用です。	It's for myself.
母への贈り物です。	It's for my mother.
恋人への贈り物です。	It's for my boyfriend/girlfriend.

④ 店員と交わす細かいやりとり Disk3 26

Point

①自分のサイズは "I wear..." を使って表します。S（エス）、M（エム）、L（エル）と言わずに、small、medium、large、extra largeと言いましょう。Sより小さいサイズにpetitと表示されていることもあります。

②「これで別の色・素材・サイズはありますか」と訊きたいときは "Do you have this in+色/素材/サイズ?" でたずねます。

Do you have this in white?	「これで白はありますか」
Do you have this in wool?	「これでウールはありますか」
Do you have this in a small size?	「これでSはありますか」

③「大きすぎる」、「高すぎる」など、「…すぎる」と言いたいときは、"It's too+形容詞" で表現します。

| It's too big. | 「大きすぎます」 |

◉店員からの質問

こちらはどうでしょうか。	How about this one?
サイズはおいくつですか。	What size do you wear?
何色をお探しですか。	What color are you looking for?
ご自分用ですか。	Is it for yourself?
贈り物ですか。	Is it for someone?
彼/彼女のサイズはおいくつですか。	What size is he/she?

◉サイズ

私はサイズSです。	I wear size small.
彼はサイズMです。	He wears a medium size.
彼女はサイズSSです。	She wears a petit size.
たぶんMで大丈夫です。	I think medium will fit me.
Lだと大きすぎます。	Large is too big.
これだと小さすぎます。	This will be too small.
Mを試してみます。	I'll try medium.
これで大きいサイズはありますか。	Do you have this in a larger size?
これで小さいサイズはありますか。	Do you have this in a smaller size?

◉色・デザイン

色は黒がいいです。	I want black.

もっと明るい色がいいです。	I want something brighter.
もう少し暗い色が欲しいです。	I want something darker.
これはちょっと派手すぎます。	This is too flashy.
これは地味すぎます。	This is too dark.
色は気に入りました。	I like the color.
色が気に入りません。	I don't like the color.
デザインは気に入りました。	I like the design.
デザインが気に入りません。	I don't like the design.
他に何色がありますか。	What colors do you have besides this?
これで別の色はありますか。	Do you have this in a different color?
このかたちで茶色はありますか。	Do you have brown in this style?
このデザインで黒はありますか。	Do you have black in this design?
他のデザインはありますか。	Do you have a different design?

◉店員の説明：サイズ・色の種類と在庫

サイズは5種類、SS、S、M、L、XLです。	It comes in five sizes: extra small, small, medium, large, and extra large.
そちらはフリーサイズのみです。	It only comes in one size.

大きいサイズはありません。	We don't have a big size.
小さいサイズはありません。	We don't have a small size.
すみません。お客さまのサイズはありません。	We don't have that in your size.
色は黒、茶、紺の3色です。	It comes in three colors: black, brown, and navy blue.
色はこれだけです。	These are the only colors that we have.
色は黒と白だけしかありません。	We only carry black and white.
ただいまお持ちします。	I'll bring it/them for you.
すみません。出ているだけです。	Sorry. This is all we have.
申し訳ありませんが売り切れです。	I'm afraid it's all sold out.
申し訳ありませんが在庫がありません。	I'm afraid we ran out of stock.

◎試着する

試着できますか。	Can I try this on?
これを試着したいのですが。	I'd like to try this on.
これを試してみます。	I'll try this on.
これとこれを試着したいのですが。	I'd like to try these on.
→ もちろんいいですよ。	Yes, certainly.
→ こちらへどうぞ。	This way please. /Please follow me.
試着室はどこですか。	Where is the fitting room?

→ あちらになります。	It's over there.

◉試着をしたら

→ いかがですか。	How are you doing?
→ サイズはいかがですか。	How does it fit?
もう少し待ってください。	I'll be out in a minute.
サイズが合いません。	It doesn't fit well.
大きすぎます。	It's too big.
小さすぎます。	It's too small.
きつすぎます。	It's too tight.
長すぎます。	It's too long.
短すぎます。	It's too short.
もう一着のほうを試していいですか。	Can I try on the other one?
少し考えます。	I'll think about it.
すみません。ありがとうございました。(買わない場合)	Thank you anyway.
ちょうどいいです。	It's just right.
サイズも合います。	It fits quite well.
気に入りました。	I like it.

◉商品を買う

これを頂きます。	I'll take this./I'll buy this./I'll get this.

これだけ頂きます。	I'll just take this one.
レジはどこですか。	Where do I pay? /Where is the cash register?
お取り置きしていただけますか。	Can you hold it for me?
プレゼント用に包んでいただけますか。	Can you gift wrap it for me?
別々に包んでいただけますか。	Can you wrap it/them separately?
別の袋をいただけますか。	Can I have an extra bag?

●レジにて

→ お支払いは現金ですか。カードですか。	Will this be cash or charge?
現金でお願いします。	I'll pay cash.
カードでお願いします。	It'll be charge.
トラベラーズチェックは使えますか。	Do you accept travelers' checks?
→ はい、使えます。	Yes, we do.
→ いいえ、使えません。	I'm afraid we don't.
でしたら現金で払います。	I'll pay cash then.
→ ありがとうございました。またお越しください。よい一日を。	Thank you very much. Please come again. Have a nice day.
ありがとう。あなたも。	Thank you. You, too.

5 商品の返品交換 Disk3 27

●返品を申し出る

これを返品したいのですが。	I'd like to return this.
払い戻しはできますか。	Can I get a refund?
これを別のものと取り替えたいのですが。	I'd like to exchange this for something else.
これは昨日買いました。	I bought it yesterday.
これがレシートです。	This is the receipt.
レシートはなくしてしまいました。	I'm afraid I lost the receipt.
結局サイズが合わなかったので。	It didn't fit me after all.
彼/彼女のサイズに合わなくて。	It didn't fit him/her.

●店員の受け答え

レシートはありますか。	Do you have a receipt?
申し訳ありませんがレシートがないと返品できません。	I'm afraid we can't give you a refund without a receipt.
そちらはセール商品なので返品できません。	I'm sorry, but the sale items are non-refundable.
返品の理由をお聞かせ願いますか。	May I ask why you are returning it/them?
別のものとお取り替えいたしましょうか。	Would you like to exchange it for something else?
どうぞ、店内をご覧ください。	Please look around.

返品できます。	You can return it/them.
レシートを持ってレジに行ってください。代金を払い戻します。	Take the receipt to the cashier and you'll get your money back.

【買い物品のリスト】

◉洋服

Tシャツ	a T-shirt
シャツ	a shirt
長そでのシャツ	a long-sleeved shirt
半そでのシャツ	a short-sleeved shirt
長そでのカットソー	a long-sleeved top
半そでのカットソー	a short-sleeved top
ニット	a knit-top
ジーンズ	a pair of jeans
パンツ	a pair of pants
半ズボン	short pants
スカート	a skirt
長いスカート	a long skirt
短いスカート	a short skirt
ジャケット	a jacket
皮のジャケット	a leather jacket

スーツ	a suit
ビジネススーツ	a business suit
ワンピース	a dress
ツーピーススーツ	a two-piece suit/pants suit
フォーマルドレス	a party dress
Vネックのセーター	a V-neck sweater
丸首のセーター	a round-neck sweater
ロングコート	a long coat/a full coat
ハーフコート	a half coat
レインコート	a raincoat

靴

パンプス	a pair of pumps
シンプルなパンプス	simple pumps
サンダル	sandals
スニーカー	sneakers
ウォーキングシューズ	a pair of walking shoes
歩きやすい靴	a pair of comfortable shoes
ヒールの低い靴	low-heeled shoes
ハイヒール	high-heels
ミュール	a pair of mules
皮のブーツ	leather boots

● 小物

手袋	a pair of gloves
マフラー	a muffler
スカーフ	a scarf
帽子	a hat
ベルト	a belt
靴下	a pair of socks
化粧ポーチ	a make-up bag
ヘアピン	a hair pin

● 化粧品

口紅	a lipstick
アイシャドー	an eye-shadow
ファンデーション	foundation
マニキュア	nail polish
アイペンシル	an eye-liner pencil
アイライナー	eye-liner
アイブロウペンシル	an eye-brow pencil
ほお紅	a blusher
香水	perfume
基礎化粧品	basic skin care goods
スキンクリーム	a skin cream

ブーツ	a pair of boots
ロングブーツ	long boots
ショートブーツ	short boots

●バッグ

小さいバッグ	a purse
ドレッシーなバッグ	a dressy handbag
皮のバッグ	a leather handbag
旅行用かばん	a travel bag
軽いかばん	a light bag
リュック	a knapsack/backpack

●装飾品

シルバーのアクセサリー	silver jewelry
ゴールドのアクセサリー	gold jewelry
ゴールドのチェーン	a gold chain
ピアス	pierced earrings
イヤリング	earrings
ネックレス	a necklace
ペンダント	a pendant
ブレスレット	a bracelet
指輪	a ring
腕時計	a wristwatch

洗顔料	a face soap

【色のリスト】

白	white
黒	black
ベージュ	beige
グレー	gray
ブラウン	brown
ライトブラウン	light brown
紺	navy blue
青	blue
緑	green
黄色	yellow
赤	red
オレンジ	orange
ピンク	pink
むらさき	purple
シルバー	silver
ゴールド	gold

実践 ❸ 食事をする・食べ物の描写

① 食事のあいさつ Disk3 28

いただきます。(さぁ、食べましょう)	Let's begin.
食べましょう!	Let's eat!
おいしそう!	It looks good./It looks delicious.
おなかがすいた!	I'm hungry./I'm starving.
すごい量!	Wow! What a big portion!
こんなにいっぱい食べられない!	I can't eat all this!
おなかがいっぱいです。	I'm full.
ごちそうさまでした。	I'm done./I'm finished.
おいしかったです。	That was delicious.

② ファーストフードのお店で注文する Disk3 29

Point

① 「…にします」、「…をください」の基本表現は "I'll have + メニューの名前" です。

② "For here or to go?" は「テイクアウトにするかどうか」という質問です。持ち帰る場合はテイクアウトとは言わずに "To go." と言いましょう。

For here.	「ここで食べます」
To go.	「持ち帰ります」

③サイズを表すエス（S）、エム（M）、エル（L）に関しては、small、medium、largeと言いましょう。

④個数は先に言いましょう。

I'll have two hamburgers.	「ハンバーガーを2つください」

●ファーストフードやカフェなどでの一般的なやりとり

→ 次の方どうぞ。	Next.
→ ご注文をどうぞ。	May I help you? /Can I help you?
ハンバーガーをください。	I'll have a hamburger.
ハンバーガーとポテトのSとコーラのMをください。	I'll have a hamburger, a small french fries and a small coke.
コーラのSをください。	I want a small coke.
チーズバーガーを2つとコーヒーを2つください。	I'll take two cheeseburgers and two cups of coffee.
チキンを2ピースとコールスローを1つください。	I'd like two pieces of chicken and one cole slaw.
プレーンベーグルとカフェインレス・コーヒーをください。	I'll have a plain bagel and one decaf.
チョコレートシェイクだけお願いします。	I'll just have a chocolate shake.

実践3 食事をする・食べ物の描写

→ サイドオーダーはよろしいですか。	Would you care for any side orders?
→ 以上でよろしいですか。	Will that be all?
→ 他にはよろしいですか。	Anything else?
チキンナゲットも1つください。	I'd like one order of chicken nuggets.
いいえ、けっこうです。	No, that's it.
以上でけっこうです。	That'll be all.
→ こちらで召し上がりますか。お持ち帰りですか。	Is this for here or to go?
ここで食べます。	For here.
持ち帰ります。	To go.
→ 5ドル75セントになります。	That'll be five dollars and seventy-five cents.
→ お釣りをどうぞ。	Here's your change.
→ こちらが注文の品になります。	Here's your order.
→ またお待ちしています。よい一日を。	Please come again. Have a nice day.
ありがとう。あなたも。	Thank you. You too.

③ レストランで食事をする

Point

① 「…をください」の基本表現はファーストフードで注文するときと同様、"I'll have + メニューの名前" です。

　　I'll have the chicken.　　　「チキンにします」

② レストランで注文をするときにお店の人がたずねる基本的な質問は：

　(1) 飲み物・食前酒はどうするか

　(2) スープにするかサラダにするか

　(3) ドレッシングは何がいいか

　(4) ポテトの調理の仕方

　(5) ステーキの焼き加減

　(6) デザートはどうするか

　(7) 朝食の場合、卵の調理の仕方

　(8) サンドウィッチを頼んだ場合、パンの種類

③ 典型的な夕食のメニューは、オードブル・前菜、スープ、サラダ、メインディッシュ、デザート、飲み物で構成されています。

④ メニューに "Served with..." と書いてあるときは、「…は料理に付いてくる・セットになっている」という意味です。

　Served with potatoes and rolls.
　　　　　　「ポテトとロールパンは料理に付いています」

⑤ほとんどのディナーメニューにはポテトが添えられますので、フライやベイクドポテトなど、どのように調理してほしいかを言いましょう。

⑥食事の途中でウェイター・ウェイトレスが、"How's everything?（食事はいかがですか）"と訊きに来ます。特に問題がなければ、"Fine, thank you."と言いましょう。

４ 席に着くまで　Disk3 30

◉レストランの入り口で

→ おはようございます！	Good morning!
→ こんにちは。	Hello!
→ みなさん、こんにちは。	Good afternoon, everyone!
→ みなさん、こんばんは。 （女性のグループに対して）	Good evening, ladies!
→ Joe'sへようこそ。	Welcome to Joe's!
→ 何名さまですか。	How many?
こんにちは。	Hello.
４名です。	Four, please.
３名います。	There are three of us.
２名お願いします。	Table for two, please.

◉「満席です」と言われたら

→ 申し訳ありません。	I'm sorry.

→ ただ今、満席なのですがお待ちになりますか。	The tables are full at the moment. Would you like to wait?
何分ぐらい待ちますか。	About how long will it be?
何分待たなければなりませんか。	How long do we have to wait?
→ 30分ぐらいです。	About thirty minutes.
→ あまり長くないと思います。	It shouldn't be that long.
→ ちょっとわからないです。	Sorry, I'm not sure.
→ かなりお待ちになるかもしれません。	You might have to wait a while.
後でまた来ます。	We'll come back later.
はい、待ちます。	We'll wait.
名前だけ書いて後で戻ってきます。	We'll just write our name and come back later.
→ はい、ではお名前をお願いします。	OK. Could we have your name please?
山田です。Y-A-M-A-D-Aです。	I'm Yamada. It's Y-A-M-A-D-A.

◎席に着く

→ 喫煙席と禁煙席とどちらがいいですか。	Smoking or non-smoking?
→ テラスと室内とどちらがいいですか。	Would you like to sit on the terrace or inside?

→ 窓際がいいですか。	Would you like to sit by the window?
→ お好きな席へどうぞ。	Take any seats you like.
喫煙席をお願いします。	Smoking.
禁煙席をお願いします。	Non-smoking.
テラス席をお願いします。	We'll have the terrace seats.
室内にします。	We'll sit inside.
窓際がいいです。	We'd like to sit by the window.
→ こちらへどうぞ。	This way, please.
→ こちらになります。	Here are your seats.
→ こちらがメニューです。	This is your menu.
→ 担当の者が参りますので少々お待ちください。	Someone will be here in a moment.

5 注文までのやりとり Disk3 31

●担当のウェイター/ウェイトレスが来る・食前酒はどうするか

→ こんばんは！ みなさんお元気ですか。	How are you doing?
→ 私はこのテーブルを担当するサンディです。	I'm Sandy. I'll be your waitress.
→ お飲み物は何になさいますか。	What would you like to drink?
→ 食事の前に何かお飲みになりますか。	Would you care for a drink before the meal?

いいえ、けっこうです。	No, thank you.
食後にコーヒーをいただきます。	We'll have coffee after the meal.
ジンジャーエールをください。	Can I have a ginger ale?
フルーツジュースをください。	Could I have a fruit punch?
ビールをください。	I'll have a glass of beer.
ビールは何がありますか。	What kind of beer do you have?
ワインリストはありますか。	Do you have a wine list?
ワインリストを見せてください。	Could I see your wine list?
→ ビールはバドワイザーとクアーズとハイネケンがあります。	We have Budweiser, Coors, and Heineken.
→ ワインリストはこちらになります。	Here's your wine list.
ハイネケンにします。	I'll have a Heineken.
この白ワインにします。 (メニューを指しながら)	I'll have this white wine.
この赤ワインにします。	I'll have the red wine.
カリフォルニア白ワインにします。	I'll have the California white wine.
→ 少々お待ちください。	I'll be right back with your drinks.
→ 今日のお勧めはサーロインステーキです。	Today's specialty is sirloin steak.

実践3 食事をする・食べ物の描写

→ すぐ注文を取りに参ります。　　I'll be back with your order.

→ 決まったら呼んでください。　　Please call me when you're ready to order.

●ご注文はお決まりですか

→ ご注文はお決まりですか。　　Are you ready to order?

→ 決まりましたか。　　Have you decided?

→ 何になさいますか。　　What would you like to have?

もう少し待ってください。　　Could you wait a little more?

●メニューについてたずねる

お勧めは何ですか。　　What do you recommend?

軽めの食事は何ですか。　　Do you have anything light?

セットメニューはありますか。　　Do you have a set menu?

これはどんな料理ですか。　　What kind of food is this?
（メニューを指しながら）

シェフサラダには何が入っていますか。　　What's in the Chef's salad?

量は多いですか。　　Is it a big portion?

ではそれにします。　　I guess I'll have that.
（説明を受けたあと）

●注文をする

私はシーフードプレートにします。　　I'll have the seafood plate.

私はまず小えびのカクテルと、それからサラダ。	I'll start with the shrimp cocktail and a salad.
メインはサーロインステーキにします。	I'll have the sirloin steak for the main dish.
私はポークチョップにします。	I'd like to have the pork chops.
私はシェフサラダとミネストローネスープにします。	I'll have the Chef's salad and the minestrone soup.
それと同じものにします。	I'll have the same.
彼女と同じものにします。	I'll have what she's having.

◉スープにするか・サラダにするか

→ スープになさいますか、サラダになさいますか。	Soup or salad?
→ スープは何になさいますか。	What kind of soup would you like?
→ 本日のスープはチキンクリームスープです。	Today's soup is chicken cream soup.
→ ドレッシングは何になさいますか。	What kind of dressing would you like?
→ ドレッシングはイタリアン、サウザンアイランド、フレンチがあります。	We have Italian, Thousand Island, and French.
今日のスープは何ですか。	What's the soup of the day?
スープにします。	I'll have the soup.

そうですね…、野菜スープにします。	I guess I'll have the vegetable soup.
サラダにします。	I'll have the salad.
ドレッシングは何がありますか。	What kind of dressing do you have?
イタリアンドレッシングにします。	I'll have Italian dressing.

●ポテトの調理

→ ポテトはどのようにいたしますか。	How would you like your potato?
→ ベイクドポテト、マッシュポテト、フレンチフライがございますが。	We have baked potatoes, mashed potatoes, and french fries.
フレンチフライにします。	French fries, please.
ケチャップとマスタードを付けてください。	Please give me ketchup and mustard.
ケチャップとマスタードはけっこうです。	I don't need ketchup and mustard.
ベイクドポテトにします。	I'll have the baked potato.
そうですね…、マッシュポテトにします。	Well... I'll have the mashed potatoes.

●ステーキの焼き加減

→ ステーキの焼き加減はどのようにいたしますか。	How would you like your steak done?
ウェルダンにしてください。	Well-done, please.

ミディアムでお願いします。	Medium, please.
ミディアム・レアでお願いします。	Medium-rare.
レアでお願いします。	Rare, please.

●デザート

→ デザートはいかがですか。	Would you care for dessert?
→ デザートはどうなさいますか。	How about dessert?
デザートはアップルパイにします。	I'll have the apple pie for dessert.
チョコレートアイスクリームをください。	I'd like to have the chocolate ice cream.
デザートの注文はあとでします。	I'll order dessert later.
デザートはけっこうです。	No, thank you. I don't want a dessert.

●たまご料理

→ たまごはどのようにいたしますか。	How would you like your eggs?
目玉焼きにします。	I'll have fried eggs. /I'll have fried eggs sunny-side up.
目玉焼きはやわらかめにしてください。	I'll have fried eggs over easy.
スクランブルエッグにします。	I'll have scrambled eggs.
ゆで卵にします。	I'll have a hard-boiled egg.

半熟卵をください。	I'll have a soft-boiled egg.

●サンドウィッチを注文する

クラブハウスサンドをください。	I'd like to have a clubhouse sandwich.
チーズバーガーをください。	I'll have the cheeseburger.
ツナサンドにします。	I'll have the tuna sandwich.
たまごサンドにします。	I'll have the egg sandwich.
チーズサンドをお願いします。	I'd like to have the grilled cheese sandwich.
ハムサンドをお願いします。	I'd like to have the ham sandwich.
→ パンは何にしますか。	What kind of bread would you like?
ライパンにします。	Rye bread, please.
全麦パンにします。	Whole wheat, please.
普通の白パンでお願いします。	I'd like to have regular white bread.
黒パンにします。	Brown bread, please.
パンはトーストしてください。	Please toast the bread.
→ 以上でよろしいですか。	Will that be all?
はい、以上です。	Yes, that'll be all.

6 食事について・追加注文 Disk3 32

◉食事はいかがですか

→ 食事はいかがですか。	How is everything?
→ おいしく召し上がっていますか。	How are you enjoying your meal?
おいしいです。	Everything is fine, thank you.
全部とてもおいしいです。	Everything is delicious, thank you.
→ 他に何かお持ちいたしましょうか。	Would you care for anything else?
いえ、特に今はないです。	No, we're doing fine.
コーヒーのお代わりをお願いします。	Could we have more coffee?
パンのお代わりをお願いします。	Could we have more bread?
バターをもっといただけますか。	Could you bring us more butter?
お水をいただけますか。	Could we have more water?
ナプキンをください。	Could we have more napkins?
→ わかりました。すぐお持ちいたします。	Of course. I'll bring them right away.

7 レストランで使うその他のフレーズ　Disk3 33

メニューをもう一度見せてください。	Can we see the menu again?
注文はまだですか。	Our order hasn't come yet.
これは注文していません。	I didn't order this.
これを持ち帰りたいのですが。	Can we take this home? /Can we have a doggie bag?

8 会計を済ませる　Disk3 34

お勘定をお願いします。	Can we have the bill?
とてもおいしかったです。お会計をお願いします。	It was very good. May we have the bill?
支払いはどこでするのですか。	Where do we pay?
カードでもいいですか。	Do you accept credit cards?
すばらしい食事でした。	We enjoyed the meal.
また来ます。	We'll come again.

9 食べ物の味について　Disk3 35

基本パターン

It's delicious.	「おいしいです」
It's spicy.	「辛いです」
The meat is tender.	「お肉がやわらかいです」
The fish is tasty.	「お魚の味がおいしいです」

Point

① 食べ物全体の味を表現するときは、"It is+形容詞"を使います。肉、魚、デザートなど、特定の料理・素材についてコメントするときは、It is を、The meat、The fish、The dessertに置き換えます。

②「〜だった」と言うときは、is を was に、動詞の現在形を過去に変えて言いましょう。

  It is wonderful. → It was wonderful.
           「すばらしい料理でした」

  It has a nice aroma. → It had a nice aroma.
           「香りがよかったです」

③「〜すぎる」と言いたいときは、too を加えて言います。

  It is too spicy.   辛すぎます。
  It is too sweet.   甘すぎます。

◈おいしいです

おいしいです。	It's good.
とてもおいしいです。	It's really delicious.
すばらしいです。	It's wonderful. /It's excellent.
けっこうなお味です。	The taste is perfect.
上品な料理です。	It's superb.
お肉がやわらかいです。	The meat is tender.

お肉がジューシーです。	The meat is juicy.
お魚が新鮮です。	The fish is fresh.

◎さっぱり・甘い・辛いなど

さっぱりしています。	It's light.
しつこくありません。	It's not heavy.
こってりしています。	It's rich.
辛いです。	It's hot.
ぴりっとしています。	It's spicy.
まろやかです。	It's mild-tasting.
甘みがあります。	It has a sweet flavor.
口の中でとろけます。	It melts in your mouth.
味わい深いです。	It's tasty.
香りがいいです。	It has a nice aroma.
材料が新鮮です。	The ingredients are fresh.
旬の食べ物はおいしいです。	Foods in season are most delicious.
素材の風味を生かしています。	The natural flavor of the ingredients is there.

◎栄養があります・身体にいいです

栄養があります。	It's nutritious.
ヘルシーです。	It's healthy.
消化にいいです。	It's easily digested.

胃にやさしいです。	It's easy on your stomach.
ローカロリーです。	It's low calorie.

●あまりおいしくありません

まずいです。	It's not good. /It tastes bad.
しょっぱいです。	It's salty.
しょっぱすぎます。	It's too salty.
脂っこいです。	It's too oily.
こってりしすぎてます。	It's too rich.
苦いです。	It's bitter.
刺激がつよいです。	It's too strong.
味がありません。	It has no taste.
肉がかたいです。	The meat is hard.
ひどい味です。	It tastes awful.
風味がありません。	There is no flavor.
材料が新鮮ではありません。	The ingredients are not fresh.
材料を煮込みすぎています。	They boiled the ingredients too long.
消化に悪いです。	It's hard to digest.
胃にもたれます。	It's heavy on your stomach.
カロリーが高いです。	It's high calorie.

麺がやわらかすぎます。	The noodles are too soft.
麺がかたすぎます。	The noodles are hard.

【Dinner Menu】

● Hours D'oeuvres（オードブル）

Cheese and crackers　（チーズとクラッカー）

Shrimp cocktail　（小えびのカクテル）

Stuffed mushrooms　（マッシュルーム詰め）

Scallops with mushrooms and bacon
（帆立貝とマッシュルームとベーコンの炒めもの）

Soup　（スープ）

Soup du jour　（本日のスープ）

Cream of chicken soup　（チキンクリームスープ）

Vegetable soup　（野菜スープ）

Clam chowder　（クラムチャウダー）

Minestrone　（ミネストローネ）

● Salad（サラダ）

Chef's salad　（シェフサラダ）

House salad　（ハウスサラダ）

Caesar salad　（シーザーサラダ）

Seafood salad　（シーフードサラダ）

◉ Main Courses　（メインディッシュ）

Served with rolls and potatoes: baked, mashed, or fries
（ロールパンとポテト：ベイクドポテト、マッシュポテト、フライがセットになっています）

Roast beef　（ローストビーフ）

Sirloin steak　（サーロインステーキ）

Spareribs　（スペアリブ）

Prime ribs（プライムリブ）

Chicken teriyaki　（チキンテリヤキ）

Pork chops　（ポークチョップ）

Veal cutlet　（子牛のカツレツ）

Filet of fish　（魚フィレ料理）

Seafood plate　（シーフードプレート）

◉ Desserts（デザート）

Ice cream (chocolate, vanilla, strawberry)
（アイスクリーム：チョコレート、バニラ、ストロベリー）

Apple pie a la mode　（アップルパイ・ア・ラ・モード）

Jello with whipped cream　（ゼリーの生クリーム添え）

Blueberry cheese cake　（ブルーベリーチーズケーキ）

◉ Drinks（飲み物）

Coffee　（コーヒー）

Decaffeinated coffee　（カフェインレス・コーヒー）

Tea　（紅茶）

Coke　（コーラ）

Fruit punch　（フルーツジュース）

Sprite　（スプライト）

Hot chocolate　（ココア）

Milk　（ミルク）

実践 ❹ 電話の会話

① 電話をかける Disk3 36

Point

①親しい友人に電話をする場合、"This is Akiko."のように、名字を言わずに名前だけを言うことも多いです。「…さんをお願いします」の基本表現は"May I speak to + 相手の名前?"です。

②電話を受けて相手が名乗らなかった場合、名前を確認したいときは"May I ask who's calling?"とたずねましょう。

◉友人 / 知人に電話する

もしもし。	Hello.
よし子です。	This is Yoshiko.
田中よし子と申します。	This is Yoshiko Tanaka. /This is Yoshiko Tanaka calling.
さち子さんをお願いします。	May I speak to Sachiko, please?
よし子と申しますが、さち子さんをお願いします。	This is Yoshiko. May I speak to Sachiko?
さち子さんをお願いしたいのですが。	I'd like to speak to Sachiko, please.
さち子さんはいますか。	Is Sachiko there?
夜分にすみません。	Sorry to call you so late.

夕食のお時間にすみません。	Sorry to call you at dinner time.
お忙しいところすみません。	I hope I'm not disturbing anything.
今、どこですか。(携帯電話で)	Where are you now?
今、話して大丈夫ですか。	Can you talk now?
今、何をしていますか。	What are you doing now?

◉本人が電話に出る

はい、私です。	Speaking.
私ですが。(女性)	This is she.
私ですが。(男性)	This is he.
キャッチなのでちょっとそのまま待っていてください。	I'm on another line, so please hold on a minute.
キャッチなので後でかけ直します。	I'll call back because I'm on another line.
キャッチなので少ししたらかけ直してくれますか。	I'm on another line now. Would you please call back in a little while?
ちょっと今、忙しいので少ししたらかけ直します。	I'm busy right now, so I'll call back in a few minutes.
今話せないので後でかけ直します。	I can't talk right now, so I'll call back later.

◉電話を取り次ぐ

どちらさまですか。 (相手が名前を言わなかった場合)	May I ask who's calling?

お名前をお聞かせ願いますか。	May I have your name, please?
もう一度名前をお聞かせ願いますか。	May I have your name again?
わかりました。そのままお待ちください。	OK. Hold on.
少々お待ちください。	Hold on a moment, please.

●本人が電話に出られないとき

今、外出しています。	She's out right now.
今、いません。	He's not here at the moment.
まだ仕事から帰っていません。	He hasn't returned from work yet.
学校から帰っていません。	He hasn't returned from school yet.
今日は友達と出かけています。	She's out with her friends today.
今日は仕事に行きました。	She went to work today.
今日は部活でいません。	He has club today.
今、お風呂に入っています。	She's in the bath now.
今、シャワーに入っています。	She's in the shower now.

●何時ごろ帰ってくるかたずねる

何時ごろお戻りになりますか。	What time will she be back?
何時ごろ帰られるかご存じですか。	Do you know what time he will be back?

◉戻りの時間

すぐ戻ると思います。	She should be back soon.
何時ごろ帰ってくるかわかりません。	I don't know what time she'll be back.
少ししたら戻ると思います。	She should be back in a little while.
2、3時間で戻ると思います。	She should be back in a couple of hours.
3時ごろ帰ってくると思います。	She should be back by three.
夕飯までには帰ると思います。	She should be back by dinner.
帰りは8時過ぎになると思います。	He'll probably be back after eight.
帰りは遅くなると思います。	He'll probably be late.

◉伝言を聞く

電話があったことを伝えておきます。	I'll tell him/her that you called.
何か伝えましょうか。	Would you like to leave a message?
彼/彼女はあなたの電話番号を知っていますか。	Does he/she know your number?

◉こちらからかけ直す・電話をしてくれるように頼む・簡単な伝言

わかりました。また電話します。	I see.　I'll call again.

その頃またお電話します。	I'll call back around that time.
明日またかけます。	I'll call back tomorrow.
電話をくださいとお伝えいただけますか。	Can you please tell him/her to call me back?
家に電話をくださいとお伝えください。	Please tell him/her to call me at home.
携帯に電話してほしいとお伝えください。	Please tell him/her to call my cell phone.
電話があったことだけお伝えください。	Please tell him/her that I called.
待ち合わせに遅れるとお伝えください。	We were supposed to meet, but tell him/her that I'll be late.
仕事で行けなくなったとお伝えください。	Tell him/her that I won't be able to make it because of work.
明日電話するとお伝えください。	Tell him/her that I'll call again tomorrow.
彼/彼女は私の電話番号を知っています。	He/She knows my phone number.
念のため、私の電話番号は03-4455-6666です。	Just in case, my phone number is 03-4455-6666.
ありがとうございます。失礼します。	Thank you very much. Good-bye.

◈留守番電話のメッセージ

ただいま電話に出ることができません。	I can't come to the phone right now.

発信音のあとにお名前とメッセージをどうぞ。	Please leave your name and message after the beep.
美奈子です。後でまたかけます。	This is Minako. I'll call again.
仕事の件で電話しました。	I'm calling about work.
明日のことで電話しました。	I'm calling about tomorrow.
帰ったら電話をください。	Please call me after you get back.

2 ビジネス電話　Disk3 37

Point

①ビジネス電話では、会社名を言った後に「ご用件を承ります」の意味で"May I help you?"、"What can I do for you?"と続けます。

②日本では「田中は外出しています」のように、同じ会社の社員を名字で表現しますが、英語ではそのような習慣はありません。He/Sheを使うか、Mr./Ms. Tanakaと言いましょう。

③「…までには戻ると思います」の言い方は"He/She should be back by+時間/曜日"です。

④「伝言はありますか」とたずねるときは"Would you like to/Would you care to leave a message?"と訊きましょう。

⑤「…の件でお電話しました」と言うときは"I'm calling about..."を使います。

I'm calling about the meeting. 「打ち合わせの件でお電話しました」

また、It'sを使って "It's about the meeting."「打ち合わせの件です」と言うこともできます。

◎電話を受ける

はい。サトウ電気でございます。	Hello. This is Sato Electronics. May I help you?
ご用件をお伺いします。	What can I do for you?
誰におかけですか。	Who are you calling?
どちらの部署におかけですか。	Which section are you calling?
お名前をお願いします。	May I have your name, please?
お名前をもう一度お願いいたします。	Would you give me your name again?
名前のつづりをお願いします。	Could you spell your name, please?
もう少しゆっくり話していただけますか。	Could you speak a little more slowly?
もう少し大きな声で話してください。	Could you speak a little louder, please?

◎電話をかける

東京コンピューターズの山下と申します。	This is Mr. Yamashita from Tokyo Computers.
鈴木さんをお願いできますか。	May I speak to Mr. Suzuki, please?

営業の田中さんをお願いします。	I'd like to speak to Mr. Tanaka in the sales department.
経理担当の方をお願いします。	I'd like to speak to someone in charge of accounting.
広告担当の方をお願いします。	I'd like to speak to someone who's in charge of advertising.
営業部長をお願いできますか。	Could I speak to your sales manager?
責任者をお願いします。	I'd like to speak to your manager.
課の担当者をお願いします。	May I speak to your section chief?
管理部をお願いします。	Please put me through to the administration.
広報部をお願いします。	Please give me the public-relations department.
お客さまサービスセンターをお願いします。	Please connect me to the customer service center.

◉電話を取り次ぐ

少々お待ちください。	Please hold on a minute.
そのままお待ちいただけますか。	Could you hold on a minute, please?
ただいまおつなぎいたします。	I'll connect you. /I'll put you through.
ただいま本人に代わります。	I'll get him/her for you.

鈴木に代わります。	I'll put you through to Mr. Suzuki.

●本人が電話に出られない

申し訳ありません。今、席をはずしています。	I'm afraid he is not here at the moment.
ただ今、外出しています。	He's out at the moment.
別の電話に出ています。	She's on another line.
本日はお休みです。	He's off today.
会議中です。	She's in a meeting now.
接客中です。	She's with a customer right now.
出張中です。	He's on a business trip.
大阪に出張しています。	He's on a business trip to Osaka.

●戻りの時間・曜日

すぐ終わると思いますのでそのままお待ちください。	He should finish soon, so please hold on.
戻りは昼ごろになると思います。	He'll be back around noon.
すぐ戻ると思います。	She should be back soon.
2、3時間で戻るはずです。	She should be back in a couple of hours.
5時までには戻るはずです。	He should be back by five.
申し訳ありません。何時に戻るかわかりません。	I'm afraid I don't know when he/she'll be back.

本日は戻りません。	He's out for the day.
今週いっぱい戻りません。	He won't be back this week.
来週の月曜日まで戻りません。	He won't be back until next Monday.
来週の月曜日から出社します。	He'll be back on Monday.

◎折り返しの電話・かけ直してもらう

終わり次第、折り返しお電話させます。	I'll have him call you as soon as he's available.
→ わかりました。よろしくお願いいたします。	OK. I'll be waiting. Thank you.
→ 事務所におりますので。	He can reach me at the office.
→ 今日は一日事務所にいます。	I'll be in my office all day.
→ 自宅におりますので。	He can reach me at home.
→ 携帯につながります。	She can reach me on my cellular phone.
お手数ですが数分後にかけ直していただけますか。	I'm sorry, but would you please call back in a few minutes?
10分ほどしたらかけ直してください。	Please call back in about ten minutes.
午後またお電話ください。	Please call back in the afternoon.
明日またお電話ください。	Please call again tomorrow.

◈かけ直す

それでは、後でかけ直します。	I'll call back later.
数分後にまたかけます。	I'll call again in a few minutes.
午後またかけます。	I'll call again in the afternoon.
また明日かけます。	I'll call again tomorrow.
出先からなのでこちらからまた電話します。	I'm calling from outside, so I'll call back.
これから外出するので、こちらからまた電話します。	I have to go out now, so I'll call again.

◈伝言を受ける

どのようなご用件でしょうか。	May I ask what it's about?
何かご伝言はありますか。	Would you like to leave a message?
伝言を承りますが。	I'll take your message.
→ けっこうです。またかけます。	That's OK. I'll call back.
→ 直接話をしたいので、またかけます。	I'd like to talk to him directly, so I'll call again.
→ はい、お願いします。	Yes, please.

◈伝言を頼む

伝言をお願いします。	I'd like to leave a message.

伝言をお願いできますか。	Could you take a message?
電話があったことだけお伝えください。	Please tell him/her that I called.
手があいたら電話をいただきたいとお伝えください。	Tell him to call me when he's free.
戻られたら電話をいただきたいとお伝えください。	Tell him to call me when he gets in.
大至急連絡がほしいとお伝えください。	Please tell her to call me as soon as possible.
急ぎではありません。	It's not urgent.
急ぎです。	It's urgent.
重要です。	It's important.
お会いしたいとお伝えください。	Please tell him that I want to see him.
プロジェクトの件です。	It's about the project.
面接の件です。	It's about the interview.
商品の件です。	It's about the product.
打ち合わせの件です。	It's about the meeting.
打ち合わせに遅れます。	I'll be late for the meeting.
打ち合わせの曜日を変更したいのですが。	I want to change the date of the meeting.

●伝言を受けてから

承知いたしました。	I got your message.

お名前とお電話番号を確認させてください。	Let me confirm your name and phone number.
電話があったことを伝えておきます。	I'll tell him that you called.
すぐに電話させます。	I'll have her call you as soon as possible.
連絡するよう必ず伝えます。	I'll be sure to tell her to call.

◎電話を切るまで

ご質問がありましたら、またお電話ください。	If there are any questions, please call again.
いつでもお電話ください。	Please don't hesitate to contact us.
またお電話ください。	Please call again.
お電話ありがとうございました。	Thank you for calling. Good-bye.

③ 間違い電話の対応　Disk 3　38

Point

①「番号が違うと思います」の基本表現は "I think you have/got the wrong number." です。

②番号を間違えたときは、"Excuse me."、"I'm sorry." と言って謝りましょう。

◎間違い電話に対応する

番号が違うと思います。	I think you got the wrong number.

番号をお間違えではないでしょうか。	You must have dialed the wrong number.
そのような名前の者はこちらにおりません。	There is no one here by that name.
そのような名前の者はここに住んでいません。	No one by that name lives here.
何番におかけですか。	What number are you calling?
どちらにおかけですか。	Who are you calling?

●違う番号にかけてしまったら

すみません。間違えました。	Sorry, I dialed the wrong number.
間違えてしまいました。	I guess I called the wrong number.
そちらは25-4488ですか。	Is this 25-4488?
そちらは英会話学校ですか。	Is this an English school?
→ いいえ、違います。	No, it isn't.
ごめんなさい。	Excuse me.
失礼しました。	I'm sorry./I apologize.
→ いいえ。気にしないでください。	That's okay. / That's all right.

著者紹介

石津　奈々
いしづ　なな

1968年生まれ。
高校3年間ハワイに留学。
上智大学卒業。
英語・日本語教育に携わるかたわらフリーランスの翻訳家としても活躍中。
鎌倉市在住。

CD BOOK 日常英会話 パーフェクトブック
にちじょうえいかいわ

2001年3月25日　　初版発行

著者	石津 奈々（いしづ なな）
カバーデザイン	寺井 恵司
DTP	WAVE 清水康広・中丸佳子

©Nana Ishizu 2001. Printed in Japan

発行者	内田　眞吾
発行・発売	ベレ出版 〒162-0832 東京都新宿区岩戸町12 レベッカビル TEL.03-5225-4790 FAX.03-5225-4795 振替 00180-7-104058
印刷	三松堂印刷株式会社
製本	根本製本株式会社

落丁本・乱丁本は小社編集部あてにお送りください。送料小社負担にてお取り替えします。

ISBN 4-939076-64-4 C2082　　　　　　　　　編集担当　新谷友佳子

英文手紙の書き方
ISBN4-939076-11-3
§ 石橋和代／1500円／A5判
組み合わせるだけできちんとした英文手紙がラクラク書ける表現集。

英語論文すぐに使える表現集
ISBN4-939076-06-7
§ 味園真紀　小田麻里子／1900円／A5判
テーマに合わせて組み合わせ自由自在。論文特有の言い回しが満載。

英語で意見・考えを言える 表現2400
ISBN4-939076-20-2
§ 星加和美　石津ジュディス／1800円／A5判
ビジネスや外国人との交流の中でよく話題にのぼる230のトピック。

CD BOOK 日常生活で使う短い英語表現
ISBN4-939076-28-8
§ 野村真美／1600円／四六判
英語を「話して通じる」楽しさがすぐに体験できる身近な表現が満載。

英文法を使いこなす
ISBN4-939076-26-1
§ 岩切良信／1300円／四六判
重要な文法項目にそった簡潔な解説と豊富な英語表現で実践力がつく。

英文法をイチから理解する
ISBN4-939076-31-8
§ 東後幸生／1400円／A5判
基本中の基本を丁寧に解説。わかっていたつもりの中学英語を再確認。

CD BOOK 使える英語構文
ISBN4-939076-29-6
§ 上野理絵／1700円／A5判
実用的な構文を自分のモノにできれば、英会話は格段に進歩する。

すっきりわかる中学・高校英語
ISBN4-939076-33-4
§ 長沢寿夫／1400円／四六判
英語に必要な3つの要素「読む・書く・話す」力がこの1冊で身につく。